算《さん》数《すう》
SANSU

うんこ夏休みドリル

もくじ

国語《こくご》は はんたいがわから はじまるよ!

1
算数

1年生の　ふくしゅう ①

学しゅう日
月
日

1 めちゃくちゃ　かたい　うんこを
見つけました。金づちで　2回《かい》
たたきましたが　われません。その　あと
6回　たたいて　やっと　われました。
ぜんぶで　何《なん》回　たたきましたか。

しき

答《こた》え ＿＿＿＿＿＿＿＿

2 はこの　中に　はく手《しゅ》を　したく　なる　ほど
かっこいい　うんこが　2こ，なみだが　出る　ほど
うつくしい　うんこが　3こ　あります。
うつくしい　うんこは　かっこいい
うんこより　何こ　多《おお》いですか。

しき

答え ＿＿＿＿＿＿＿＿

3 計算《けいさん》を　しましょう。

① $4+5$　　② $1+9$

③ $8-4$　　④ $10-7$

1年生の　ふくしゅう ②

学しゅう日　　月　　日

1 ぼくは　人さしゆびで　うんこを　3回《かい》
はじきました。おじいちゃんは　中ゆびで
うんこを　8回　はじきました。
2人　あわせて　何回《なん》　うんこを
はじきましたか。

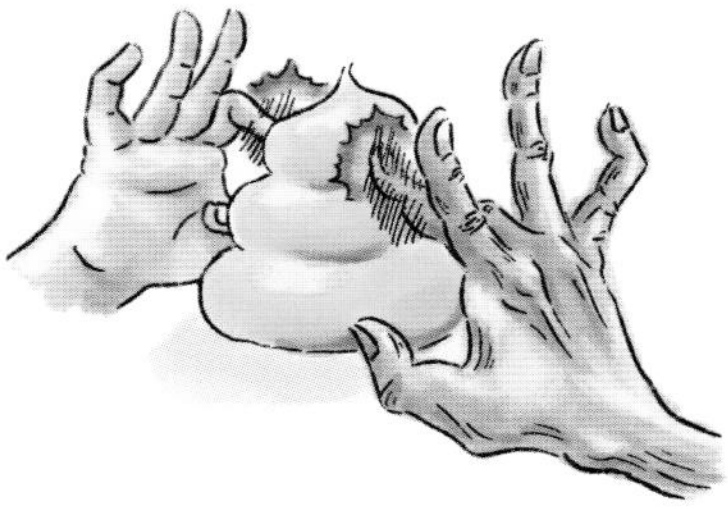

しき

答《こた》え ＿＿＿＿＿＿

2 さむらいが　何《なに》か　さけびながら，ならべた　12この
うんこを　つぎつぎに　切《き》って　います。今《いま》，5こ
切りました。切って　いない　うんこは　あと　何こ
のこって　いますか。

しき

答え ＿＿＿＿＿＿

3 計算《けいさん》を　しましょう。

① 6＋5　　② 9＋9

③ 15−7　　④ 13−4

ひょうと　グラフ ①

学しゅう日
月
日

1

24人の　2年生に　すきな　ゴッドウンコを　えらんで　はって　もらいました。

※ゴッドウンコ…計算《けいさん》ドリルに　出て　くる　うんこ戦士《せんし》。

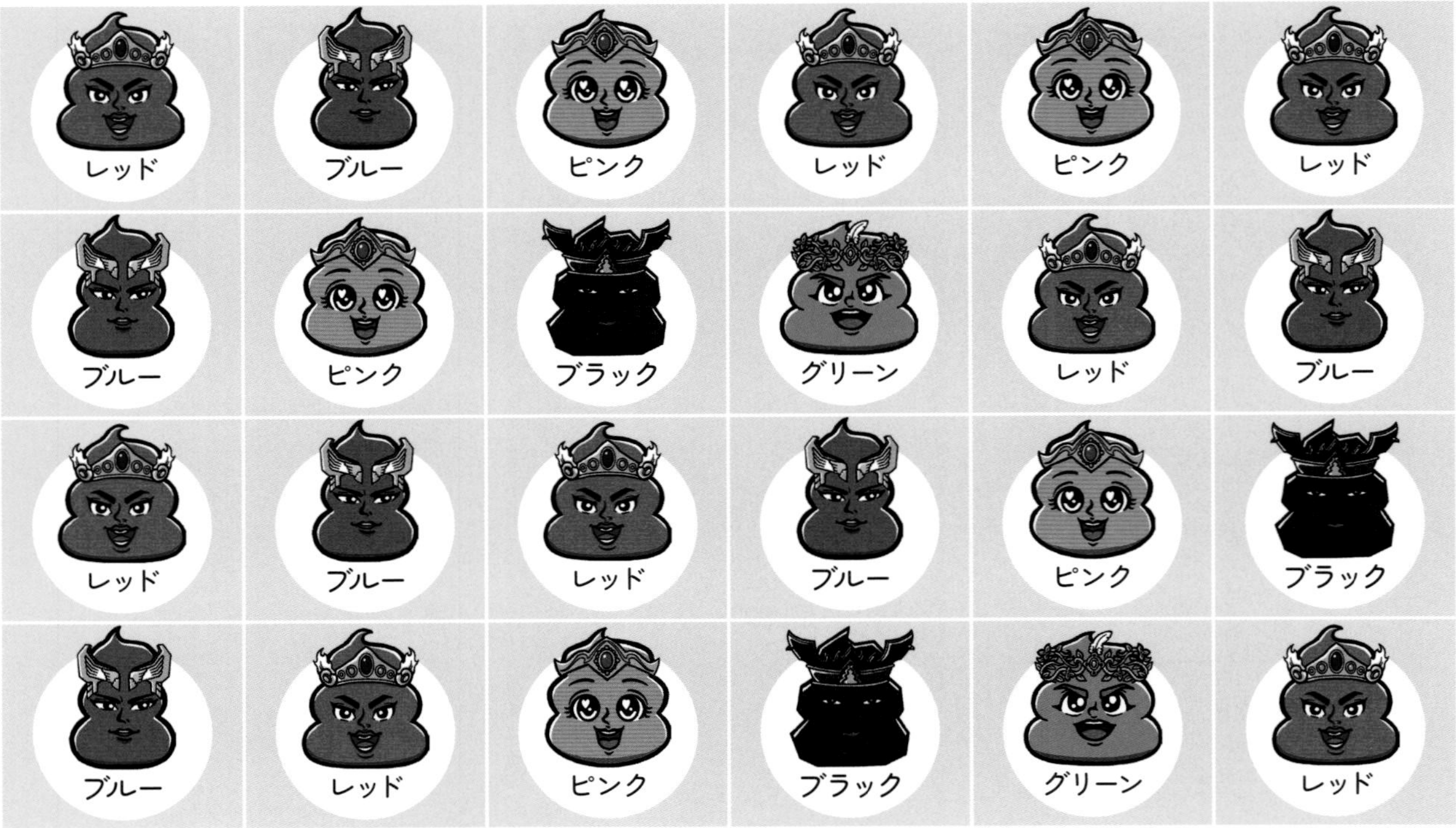

① それぞれの　人数《にんずう》を　下の　ひょうに　書《か》きましょう。

すきな　ゴッドウンコと　人数

ゴッドウンコ	レッド	グリーン	ブルー	ピンク	ブラック
人数（人）					

② すきな　人が　いちばん　多《おお》い　ゴッドウンコは　どれですか。｛　｝に　名前《なまえ》を　書きましょう。

｛　　　　｝

③ すきな　人が　6人の　ゴッドウンコは　どれですか。｛　｝に　名前を　書きましょう。

｛　　　　｝

④ ブラックが　すきな　人は　何人《なんにん》ですか。｛　｝に　人数を　書きましょう。

｛　　　　｝

ひょうと　グラフ ❷

学しゅう日　　月　　日

1 今日《きょう》，学校で　「うんこ」と　言《い》った　回数《かいすう》を　しらべて，ひょうに　まとめました。

けんすけくん　　校長先生《こうちょうせんせい》　　ひなさん　　ますだ先生

「うんこ」と　言った　回数

名前《なまえ》	けんすけくん	校長先生	ひなさん	ますだ先生
回数（回）	1	8	3	6

① 上の　ひょうと　同《おな》じ　数《かず》の　○《まる》を　右の　グラフに　かきましょう。

「うんこ」と　言った　回数

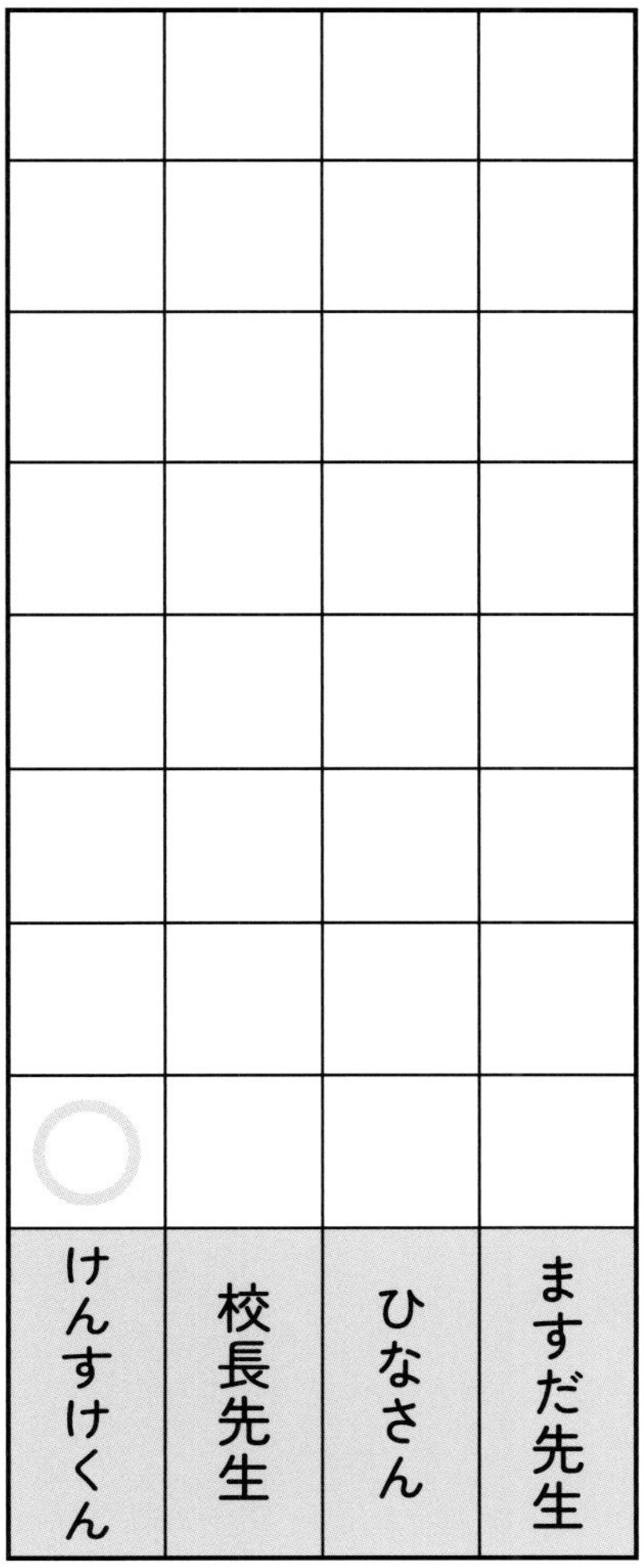

② 4人の　うち　回数が　いちばん　少《すく》ない　人は　だれですか。

｛　　　　　　｝

③ 校長先生と　ますだ先生では，どちらが　何回《なんかい》　多《おお》いですか。

どちら

｛　　　　　　｝が

何回

｛　　　　　　｝多い。

時《じ》こくと　時間《じかん》 ①

学しゅう日　　月　　日

1 時《じ》こくは　何《なん》時《じ》何《なん》分《ぷん》ですか。時計《とけい》を　見て　{　　}に　書《か》きましょう。絵《え》を　見て，午前《ごぜん》か　午後《ごご》かも　答《こた》えましょう。

①

{ 午前　　　　　　}

②

{　　　　　　　　}

③

{　　　　　　　　}

④

{　　　　　　　　}

2 □に　あう　数《かず》を　書きましょう。

① 1時間《じかん》＝□分　　② 100分＝□時間□分

時《じ》こくと　時間《じかん》 ②

学しゅう日　　月　　日

1 おじいちゃんが,「うんこ」と　いう字を　ていねいに　ゆっくり書《か》いて　います。午後《ごご》3時《じ》10分《ぷん》から書きはじめて,書きおわったのは午後3時40分でした。書いていた　時間《じかん》は,何分《なんぷん》ですか。

答《こた》え ＿＿＿＿＿＿＿＿

2 かちかちに　こおった　うんこを,ベランダに　おきました。午前《ごぜん》7時15分《ふん》に　おいて,40分後には　ぜんぶ　とけて　しまいました。ぜんぶ　とけた　時こくは,午前何時何分でしたか。

答え 午前 ＿＿＿＿＿＿＿＿

3 大きな　うんこの　かたまりが　道《みち》を　ころがって　いました。午前11時40分から,みんなで　力を　あわせて　止《と》めようと　して,ようやく　止まったのは　2時間後でした。うんこの　かたまりが　止まった　時こくは,午後何時何分ですか。

答え ＿＿＿＿＿＿＿＿

たし算《ざん》 ①

学しゅう日　　月　　日

1 うんこに　色《いろ》を　ぬる　夏休《なつやす》みの
しゅくだいが　出ました。絵《え》のぐを，
けんすけくんは　12本，
こういちくんは　36本　つかいました。
うんこを　ぬるのに，あわせて
何本《なんぼん》の　絵のぐを　つかいましたか。

しき

ひっ算《さん》

答《こた》え ＿＿＿＿＿＿＿＿

2 ぼくの　へやの　本だなには，
うんこの　本が　57さつと，うちゅうの
本が　2さつ　あります。
本は，あわせて　何さつ　ありますか。

しき

ひっ算

答え ＿＿＿＿＿＿＿＿

3 計算《けいさん》を　しましょう。

①
$$\begin{array}{r} 41 \\ +\ 20 \\ \hline \end{array}$$

②
$$\begin{array}{r} 13 \\ +\ 56 \\ \hline \end{array}$$

③
$$\begin{array}{r} 61 \\ +\ 24 \\ \hline \end{array}$$

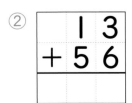

たし算《ざん》 ❷

学しゅう日
月
日

1 バスに　子どもが　17人　のって　います。そこへ　うんこを　頭《あたま》に　のせた　おじさんが　46人　のって　きました。バスに　のって　いる　人は，ぜんぶで　何人《なんにん》に　なりましたか。

しき

ひっ算《さん》

答《こた》え ＿＿＿＿＿＿＿＿

2 ぼくは　朝《あさ》　うんこを　ながす　ときに「さようなら。」と　38回《かい》　言《い》いました。夜《よる》の　うんこは　大きかったので　ながす　ときには　57回　言いました。うんこを　ながす　ときに，朝と　夜　あわせて　何回「さようなら。」と　言いましたか。

しき

ひっ算

答え ＿＿＿＿＿＿＿＿

3 計算《けいさん》を　しましょう。

①

	4	2
＋	2	9

②

	1	5
＋	1	8

③

	2	8
＋	3	4

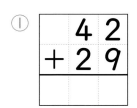

たし算《ざん》 ③

学しゅう日　　月　　日

1 おじいちゃんが，うんこを　しながら 麦《むぎ》茶《ちゃ》を　35はいと　サイダーを 46ぱい　のみました。あわせて 何《なん》ばい　のみましたか。

しき

ひっ算《さん》

答《こた》え ＿＿＿＿＿＿＿＿

2 ティラノサウルスが　47頭《とう》と トリケラトプスが　19頭， うんこを　はさんで にらみあって　います。 あわせて　何頭　いますか。

しき

ひっ算

答え ＿＿＿＿＿＿＿＿

3 計《けい》算《さん》を　しましょう。

①

	7	8
+	1	5

②

	2	6
+	2	7

③

	5	9
+	3	2

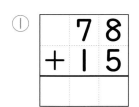

たし算《ざん》④

学しゅう日
月
日

1 お父《とう》さんは，家《いえ》を　出てから　11歩《ぽ》　歩《ある》いた　とき，「うんこが　もれそうだ。」と　思《おも》いました。そこから　69歩　歩いた　とき，うんこが　もれました。お父さんが　うんこを　もらしたのは，家を　出てから　何歩《なんぽ》　歩いた　ときですか。

しき

ひっ算《さん》

答《こた》え ＿＿＿＿＿＿＿＿

2 プールで　うきわを　もった　子どもが　13人　およいで　います。うんこを　もって　いる　子どもが　17人　やってきました。子どもは　あわせて　何人に　なりましたか。

しき

ひっ算

答え ＿＿＿＿＿＿＿＿

3 計算《けいさん》を　しましょう。

① $26+34$

② $48+42$

③ $55+15$

たし算《ざん》⑤

学しゅう日　　月　　日

1 近所《きんじょ》の　お兄《にい》さんから　本を
たくさん　もらいました。38さつが
うんこまみれでした。うんこまみれで
ない　本は　2さつでした。本を
あわせて　何《なん》さつ　もらいましたか。

しき

ひっ算《さん》

答《こた》え ＿＿＿＿＿＿＿＿

2 カーテンを　あけると，まどの　外《そと》に　うんこが
6こ　うかんで　いました。カーテンを
しめてから，また　あけると，さらに　47こ
ふえて　いました。うんこは　ぜんぶで　何こ
うかんで　いますか。

しき

ひっ算

答え ＿＿＿＿＿＿＿＿

3 計算《けいさん》を　しましょう。

①

	7	8
＋		9

②

		7
＋	2	4

③

	5	8
＋		8

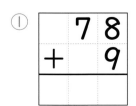

ひき算《ざん》 ❶

学しゅう日
月
日

1 花火を　見に　行《い》きました。花火は
ぜんぶで　46ぱつ　上がります。
うんこを　しに　行って　いる　間《あいだ》に
上がって　しまった　22はつは
見られませんでした。見られた
花火は　何《なん》ぱつですか。

しき

ひっ算《さん》

答《こた》え ＿＿＿＿＿＿＿＿

2 学校の　屋上《おくじょう》に　うんこが　98こ
おいて　ありました。校長先生《こうちょうせんせい》が
その　うちの　48こを　紙《かみ》ぶくろに
入れて，家《いえ》に　もって　帰《かえ》りました。
屋上《おくじょう》に　のこった　うんこは
何こですか。

しき

ひっ算

答え ＿＿＿＿＿＿＿＿

3 計算《けいさん》を　しましょう。

①
　67
−24

②
　79
−45

③
　39
−37

ひき算《ざん》 ❷

学しゅう日　　月　　日

1 海《うみ》で　先生が　うんこを　85こ
つみ上げました。カモメが　とんで　きて
つみ上げた　うんこに　ぶつかり，17こ
おちて　しまいました。つみ上がって　いる
うんこは　何《なん》こですか。

しき

ひっ算《さん》

答《こた》え ＿＿＿＿＿＿＿＿

2 川に　うんこが　ながれて　います。
76ぴきの　ビーバーが，うんこを　えさと
まちがえて　おいかけて　います。
49ひきが　気づいて　帰《かえ》りました。まだ
おいかけて　いる　ビーバーは　何びきですか。

しき

ひっ算

答え ＿＿＿＿＿＿＿＿

3 計《けい》算《さん》を　しましょう。

① $91 - 35$

② $53 - 38$

③ $64 - 29$

ひき算《ざん》 ❸

学しゅう日
月
日

1

うんこプールに　62人が　もぐりました。
その　うち，28人が　出て　きました。
まだ　うんこプールに　もぐった
ままの　人は　何人《なんにん》　いますか。

しき

ひっ算《さん》

答《こた》え ＿＿＿＿＿＿＿＿

2

カードが　94まい　とどきました。とどいた　カードを　よく　見ると，
ドラゴンの　絵《え》が　かかれた　カードの
中に，うんこの　絵が　かかれた
カードが　16まい　まざって　いました。
ドラゴンの　絵が　かかれた　カードは
何まい　とどきましたか。

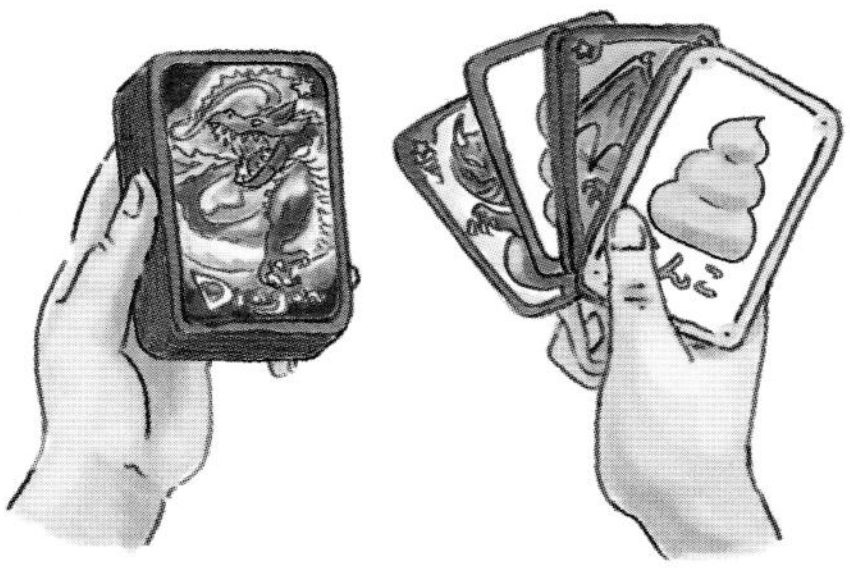

しき

ひっ算

答え ＿＿＿＿＿＿＿＿

3

計算《けいさん》を　しましょう。

①
$$\begin{array}{r} 71 \\ -\ 22 \\ \hline \end{array}$$

②
$$\begin{array}{r} 35 \\ -\ 19 \\ \hline \end{array}$$

③
$$\begin{array}{r} 83 \\ -\ 57 \\ \hline \end{array}$$

ひき算《ざん》 ④

学しゅう日
月
日

1 かたい　うんこを　切《き》る　ために，のこぎりを　80本　用意《ようい》しました。しかし，かたすぎて　37本が　こわれて　しまいました。こわれて　いない　のこぎりは　何本《なんぼん》ですか。

しき

ひっ算《さん》

答《こた》え ＿＿＿＿＿＿＿＿

2 「うんこの　いい　ところを　30こ　考《かんが》えて　書《か》きましょう。」と　いう　夏休《なつやす》みの　しゅくだいが　出ました。今《いま》，14こ　考えました。あと　何こ　考えれば　よいですか。

しき

ひっ算

答え ＿＿＿＿＿＿＿＿

3 計算《けいさん》を　しましょう。

①

	9	0
−	5	8

②

	5	0
−	2	1

③

	7	0
−	3	3

ひき算《ざん》 ⑤

学しゅう日
月
日

1 うんこが　34こ　もえて　います。ホースの　水で　28この　火を　けしました。まだ　もえて　いる　うんこは　何《なん》こですか。

しき

ひっ算《さん》

答《こた》え ＿＿＿＿＿＿

2 すごい　スピードで　ころがる　うんこに，ぜんぶで　61人が　しがみついて　います。その　うち，2人は　女の　人です。うんこに　しがみついて　いる　男の　人は　何人ですか。

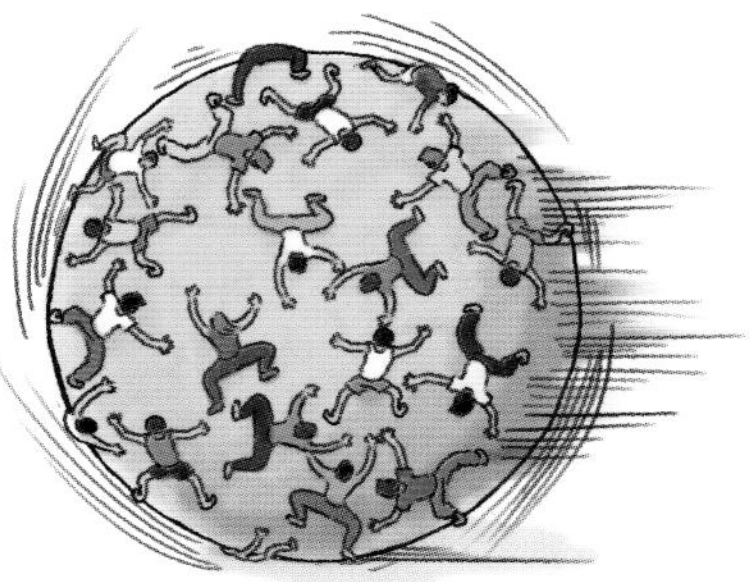

しき

ひっ算

答え ＿＿＿＿＿＿

3 計算《けいさん》を　しましょう。

①

	5	8
−	4	9

②

	4	3
−		7

③

	8	0
−		5

17 スペシャル

黄金《おうごん》の うんこを 手に 入れよう！

黄金《おうごん》の　うんこが　入った　たからばこを　見つけたよ！

□に　1, 2, 3, 4, 5, 6, 7, 8, 9, 0を　1回《かい》ずつ　入れて,

正しい　ひっ算《さん》に　しよう！　たからばこを　あけられるよ。

たすと
77に　なる
しきを　考《かんが》えて
みるのじゃ！

【れい】

2 0
+ 5 7
7 7

正しい　ひっ算に　なったら…　→　たからばこが　ひらくよ！

0と　5を　つかったから，のこりの　数《かず》を　入れよう。

1　2　3　4　~~5~~
6　7　8　9　~~0~~

長《なが》さ ①

学しゅう日　　月　　日

1 長《なが》さを　答《こた》えましょう。

①

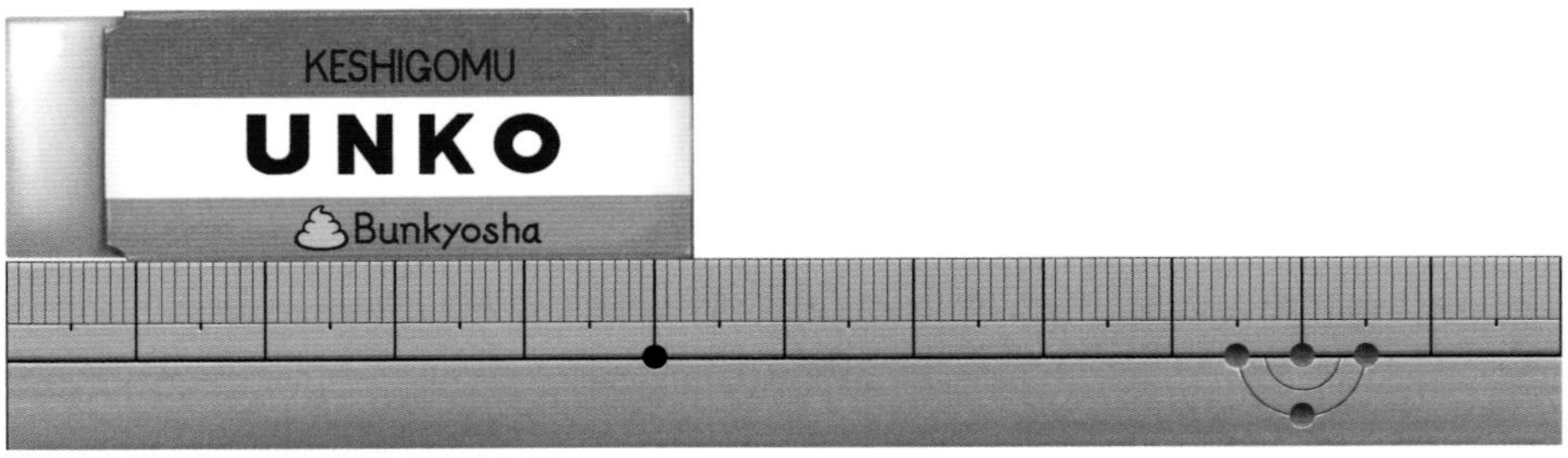

{　　　　　}

②

{　　　　　}

2 うんこの　長さを　はかりましょう。

ものさし

①

{　　　　　}

②

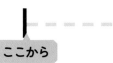

{　　　　　}

3 つぎの　長さの　直線《ちょくせん》を　ひきましょう。

ものさし

6cm7mm

ここから

長《なが》さ ❷

学しゅう日　月　日

1 ▢に　あう　数《かず》を　書《か》きましょう。

① 8cm6mm＝▢mm　　② 32mm＝▢cm▢mm

2 長《なが》い　ほうの　｛　｝に　○を　かきましょう。

①
10mm　9cm
｛　｝　｛　｝

②
4cm7mm　25mm
｛　｝　｛　｝

3

長さが　6cm4mmの　うんこを　じっと
見て　いたら，いきなり　5mm　のびました。
うんこは　何《なん》cm何mmに　なりましたか。

しき

答《こた》え ＿＿＿＿＿＿＿＿

4

うんこから　19cm7mm　はなれた　ところに
クワガタムシが　います。クワガタムシが
うんこに　5cm2mm　近《ちか》づきました。うんこと
クワガタムシは，何cm何mm　はなれて　いますか。

しき

答え ＿＿＿＿＿＿＿＿

1000までの　数《かず》①

1 下の　絵《え》を　見て，□や　｛　｝に　あう　数《かず》を　書《か》きましょう。

①

100が □

10が □

1が □

ぜんぶで ｛　　　｝

②

100が □

1が □

ぜんぶで ｛　　　｝

2 □に　あう　数を　書きましょう。

① 928は，100を □ こ，10を □ こ，1を □ こ　あわせた　数です。

② 703は，100を □ こ，1を □ こ　あわせた　数です。

③ 10を　41こ　あつめた　数は □ です。

④ 10を　60こ　あつめた　数は □ です。

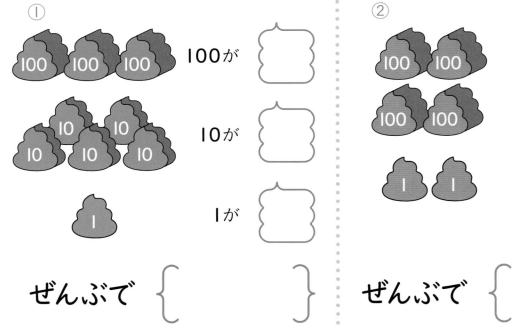

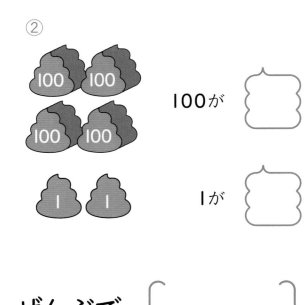

1000までの 数《かず》 ②

学しゅう日 月 日

SUMMER

1 □に あう 数《かず》を 書《か》きましょう。

①

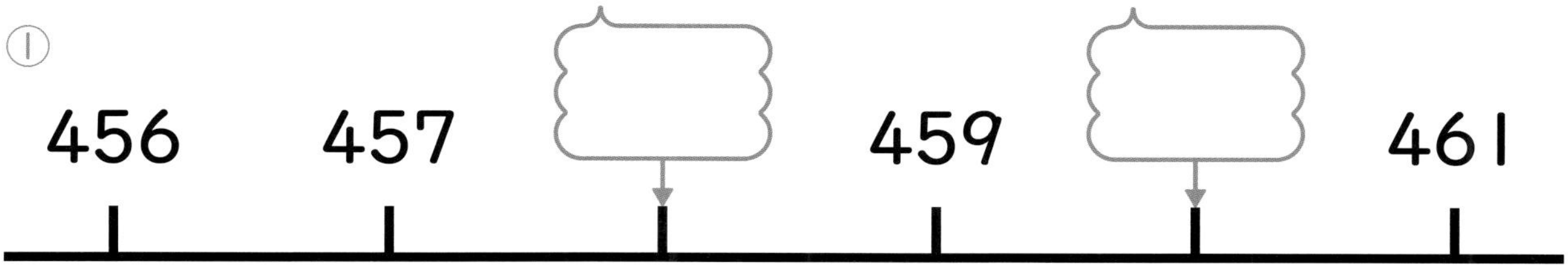
456
457
459
461

②

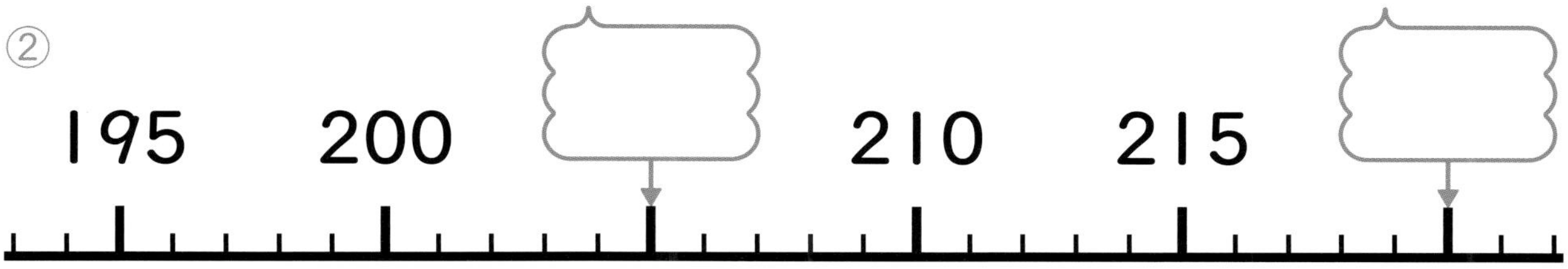
195
200
210
215

③

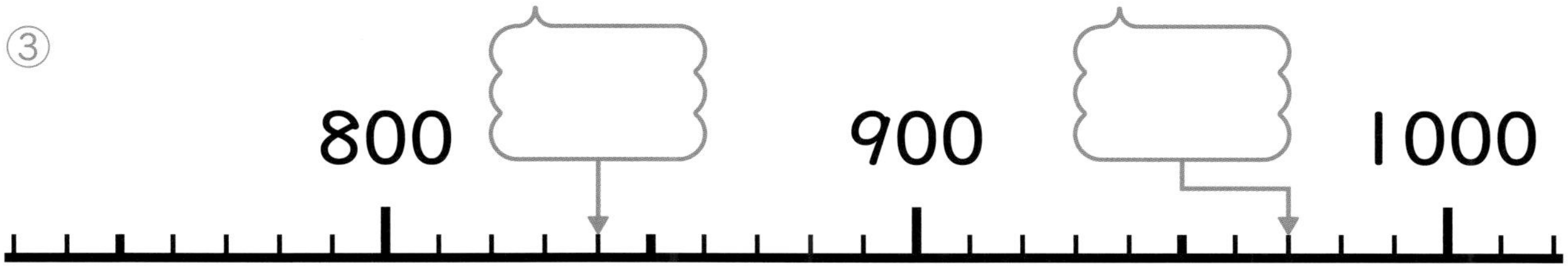
800
900
1000

2 □に あう 数を 書きましょう。

① 1000は，100を □ こ あつめた 数です。

② 1000より 1 小さい 数は □ です。

3 左と 右の 数の 大きさを くらべて，□に あう ＞，＜を 書きましょう。

① 500 □ 400

② 194 □ 202

③ 375 □ 379

④ 687 □ 678

うんこもんだいを

1 21−13の しきに なるような うんこもんだいを 作《つく》って みよう。

うんこ先生の お手本

大きな うんこを 21人で ささえて います。
13人が つかれて 帰《かえ》りました。
のこって いるのは，何《なん》人《にん》ですか。

上の 4つの
絵《え》を ヒントに
作って みるのじゃ！

きみも，うんこもんだいを 書《か》いて みよう！

夏《なつ》の べんきょうは

作《つく》って みよう！

1

つぎの ■ の 中から かん字を 二字 えらんで、うんこれい文を 作《つく》って みよう。

〈つかう かん字〉

学 日 山 大 出

水 正 百 雨 男

うんこ先生の お手本

学校の 中に うんこが 百こ ある。

きみも、うんこれい文を 書《か》いて みよう！

上の 絵《え》を 見ながら、イメージを 広《ひろ》げて みるのじゃ！

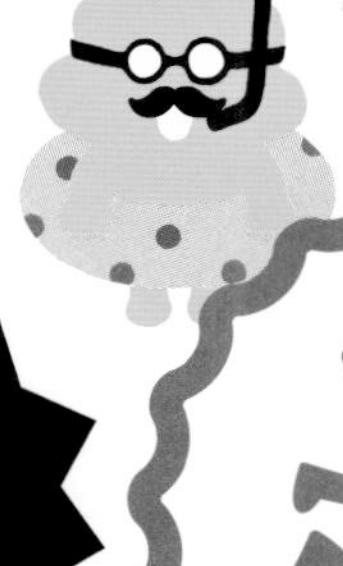

ぜんぶ できたね！

終

1

「ウンコムシ」を かんさつした メモを つかって、記《き》ろくする 文しょうを 書《か》きました。（　）に あてはまる ことばを、右の ページを 見ながら 書きましょう。

わたしは
（　）を かんさつ
しました。お父《とう》さんが、（　）かげで
見つけて ひろって きた 生《い》きものです。
（　）と 同《おな》じぐらいの 大きさで、
足は ぜんぶで （　）生《は》えて います。
体《からだ》の 色《いろ》は （　）で、とても きれいです。
お父さんが おどりを おどると、
（　）を して、いっしょに おどって
いました。何《なに》を 食《た》べるか お父さんに しらべて
もらうと、（　）が すきみたいで、
一日に 八十こも 食べました。

作文《さくぶん》 ②

学しゅう日　　月　　日

1 「ウンコムシ」を かんさつして、カードに メモを しました。（　　）に あてはまる ことばを メモから えらんで 書《か》きましょう。

・木の かげに いた。
・体《からだ》の 色《いろ》は ピンク。
・六本の 足が ある。

・ゆでたまごを 食《た》べて いた。
・大きさは すいかと 同《おな》じぐらい。
・おどりを 見せると、ものまねを する。

大きさ（　　　　）

体の 色（　　　　）

足の 数《かず》（　　　　）

食べて いた もの（　　　　）

とくちょう（　　　　）

見つけた 場《ば》しょ（　　　　）

作文《さくぶん》 ①

学しゅう日　　月　　日

1

文を 読《よ》んで、「だれが（は）」に あたる ところを ○で かこんで、「どう した」に あたる ところに ——《せん》を 引《ひ》きましょう。

① おじいちゃんが、うんこを なげた。

② ぼくは プールの 中で、うんこ みたいな 魚《さかな》を 見た。

③ きのう、学校から 帰《かえ》る 前《まえ》に、うんこを して いたら、先生が となりに 来《き》た。

2

（　　）に 合《あ》う ことばを ［　　］から えらんで、書《か》きましょう。

つぎに　さいごに　まず

おしゃれな うんこボードを 作《つく》りましょう。

（　　　）、お気に入りの うんこを いくつか 用《よう》いします。

（　　　）、その うんこに 色《いろ》を ぬります。ピンク、青、白、どんな 色でも いいですよ。さいきんは、シャンパンゴールドが 人気の 色です。

（　　　）、うんこを セロハンテープ で 画用紙《がようし》に はりつければ できあがり。家《いえ》の げんかんや かいだんなどに かざりましょう。

二年生の　かん字 ②

学しゅう日　　月　　日

1

つぎの ―《せん》の かん字の 読《よ》みを、（　）に 書《か》きましょう。

① 今、うんこが テレビに 出ていた。（　　）

② うんこを 八万《まん》こ もって いる 人に 会う。（　　）

③ 黄色《いろ》の ハンカチで うんこを つつんだ。（　　）

2

□《うんこます》に かん字を 書きましょう。

① うんこが 小さすぎて □《てん》にしか 見えない。

② うんこの 中から へんな 音が □《き》こえる。

③ うんこの □《げん》気を 出して、□《はなし》でも しよう。

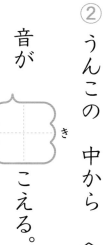

せつめい文の 読《よ》みとり ④

学しゅう日 月 日

1 つぎの 文しょうを 声《こえ》に 出して 読《よ》んでから、もんだいに 答《こた》えましょう。

16の つづき

ほかにも ゆうめいな 夏《なつ》の おまつりは たくさん あります。

「うんこぼんおどり」は、ゆかたを きて、うんこを もって おどる おまつりです。うんこは、やさしく、りょう手で つつむように もちます。

「ぶりぶりうんこ山とびこみまつり」も ゆうめいですね。うんこで 作《つく》った 山に、みんなで つぎつぎに 足から とびこみます。

そのとき、かならず 「よっしゃらほおい。うんこでほおい。」と 大声《おおごえ》で さけびます。この 声で、夏を かんじる 人も 多《おお》いようです。

① 「うんこぼんおどり」と、「ぶりぶりうんこ山とびこみまつり」に ついて、合《あ》う ものを ●—■《せん》で つなぎましょう。

うんこぼんおどり ●

ぶりぶりうんこ山とびこみまつり ●

■ うんこで 作った 山に、足から とびこむ。

■ うんこを 二本の ゆびで つまんで おどる。

■ りょう手で つつむように うんこを もって おどる。

② 「そのとき」とは どんな ときですか。

ア うんこを 大りょうに もらした とき。

イ うんこに ゆかたを きせる とき。

ウ うんこで 作った 山に とびこむ とき。

せつめい文の 読《よ》みとり ③

学しゅう日 　月 　日

夏《なつ》の ゆうめいな おまつり「海中《かいちゅう》うんこひろいまつり」を しょうかいします。「海中うんこひろいまつり」は、毎年《まいとし》 八月の 中ごろに 行《おこな》われます。

この おまつりでは、まず、すいかと 大りょうの うんこを のせた「うんこ船《ぶね》」を 海《うみ》に うかべます。

つぎに、うんこ船の 上の うんこだけを 海へ おとします。

そして、えらばれた「海男」たちが、その うんこを ぜんぶ ひろいあつめます。

村の 男たちは、海男に えらばれる ために、一年 かけて、うんこを 海の 中で ひろう れんしゅうを するのです。

1 つぎの 文しょうを 声《こえ》に 出して 読《よ》んでから、もんだいに 答《こた》えましょう。

(1) 何《なに》に ついて 書《か》かれた 文しょうですか。

□□□□□□□□□□□□□□ に ついて。

(2) 「うんこ船」には 何を のせますか。

すいかと 〔　　　〕

(3) 海男に えらばれる ために、村の 男たちは 一年間《いちねんかん》 何を しますか。

ア 大きな うんこを する れんしゅう。
イ うんこを 海の 中で ひろう れんしゅう。
ウ うんこみたいな 顔《かお》を する れんしゅう。

□

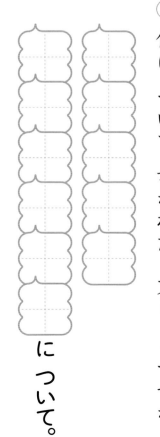

うんこが（　　）もえる。

うんこが（　　）話《はな》す。

うんこが（　　）走《はし》る。

うんこが（　　）光《ひか》る。

15 スペシャル

うんこオノマトペ

絵《え》の うんこは どんな ようすかな？
【れい】を さんこうに して 絵に 合《あ》う
オノマトペを 考《かんが》えて、〔　〕に 書《か》こう。

▼うんこが 〔【れい】ビュンビュン〕 とぶ。

オノマトペとは、
音や 声《こえ》などを あらわす
ことばなのじゃ！
音を あらわす ことばの
ほかに、ようすを あらわす
「にやにや」や「ばらばら」なども
オノマトペじゃぞい！

学しゅう日　　月　　日

1 つぎの 文しょうを 声《こえ》に 出して 読《よ》んでから、もんだいに 答《こた》えましょう。

13の つづき

オオツノウンコライオンは、朝《あさ》 おきて から、夜《よる》 ねるまでの 間《あいだ》、ずっと しっぽを ふりつづけて います。

朝は、いい かんじの うんこを さがして すごします。見つける ために、草むらや、川の 中まで 入って いきます。

いい かんじの うんこを 見つけたら、夜は、その うんこに むかって、遠《とお》ぼえを します。うんこを 見つけた よろこびを あらわす ためです。

また、自分《じぶん》が 見つけた うんこに 近《ちか》づいたら ゆるさないぞと、まわりに 知《し》らせる ためでも あります。

① オオツノウンコライオンが 朝に する ことには ○を、夜に する ことには △を、朝と 夜 どちらも する ことには □を 書《か》きましょう。

（　） いい かんじの うんこを さがす。

（　） うんこに むかって 遠ぼえを する。

（　） しっぽを ふる。

② どうして 遠ぼえを するのですか。

・（　　）を 見つけた （　　）を あらわす ため。

・自分が 見つけた （　　）に 近づいたら （　　）と 知らせる ため。

せつめい文の　読《よ》みとり ①

学しゅう日　　月　　日

1 つぎの 文しょうを 声《こえ》に 出して 読《よ》んでから、もんだいに 答《こた》えましょう。

オオツノウンコライオンを 知《し》って いますか。ライオンの なかまで、どんな どうぶつよりも 強《つよ》いと 言《い》われて います。

オオツノウンコライオンは、ふつうの ライオンと ちがって、さくらの 花びらしか 食《た》べません。しかも、一年で 花びら 二まいしか 食べません。それでも、こんなに 強くて りっぱな 体《からだ》を して いるのです。

オオツノウンコライオンの つのは、さくらの 花びらを とる ときに つかいます。

また、自分《じぶん》の うんこを ほうりなげたり、気に 入った うんこを かざったり するのにも つのを つかいます。

① オオツノウンコライオンは 何《なに》を 食べますか。

〔　　　〕の〔　　　〕

② オオツノウンコライオンは、つのを どんな ことに つかいますか。正しい もの 三つに、○を つけましょう。

(　) さくらの 花びらを とる。

(　) 自分の うんこを ほうりなげる。

(　) ほかの どうぶつを おどろかせる。

(　) 気に 入った うんこを かざる。

(　) ぬいだ うわぎを かけて おく。

(　) 水風船《みずふうせん》を 引《ひ》っかけて ふり回《まわ》す。

(　) おでんを つきさす。

かたかなで 書《か》く ことば ②

学しゅう日　　月　　日

1

━《せん》の ものの 音や どうぶつの 鳴《な》き声《ごえ》を、かたかなで 書《か》きましょう。

① おおかみが あおうんと ほえた。

（　　　　）

② ダイナミックマンが すたっと ちゃく地《ち》した。

（　　　　）

③ うんこが、川に ちゃぽんと とびこむ。

（　　　　）

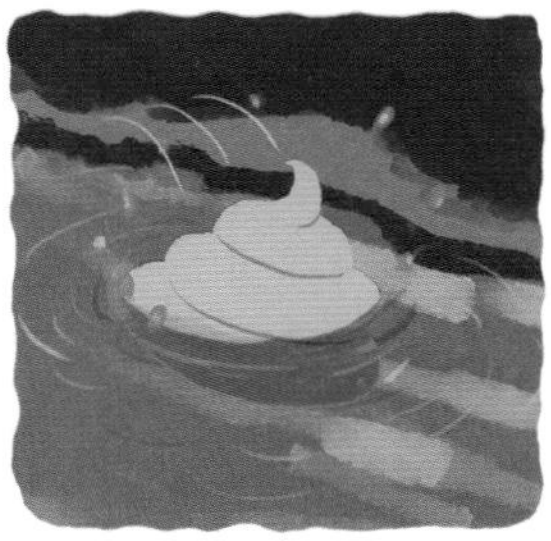

2

［　　］の ことばを ①②③の なかまに 分《わ》けて、（　）に かたかなで 書きましょう。

あいどる・がおう・ろしあ・ぴんく・おりば・ぱりん

① 外《がい》国《こく》から 来《き》た ことば。

（　　　　）（　　　　）

② 外国の 国《くに》や 土《と》地《ち》、人の 名前《なまえ》。

（　　　　）（　　　　）

③ ものの 音や どうぶつの 鳴き声。

（　　　　）（　　　　）

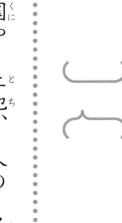

かたかなで 書《か》く ことば ①

学しゅう日　　月　　日

1

外《がい》国《こく》から 来《き》た ことばを えらんで、かたかなで 書《か》きましょう。

① 【ぱぱ・おとうさん】

② 【ひいろう・きょうりゅう】

③ 【ますく・めがね】

2

外国の 国《くに》や 土《と》地《ち》、人の 名《な》前《まえ》を えらんで、かたかなで 書きましょう。

① 【あめりか・にっぽん】

② 【ぱり・とうきょう】

③ 【どいる・うらしまたろう】

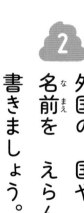

9のつづき

「早く　帰《かえ》らないと。うんこが　もれそうだ。」

ダイナミックマンは、ヒーロー村に　つきました。この　村には、きょうりゅうより　強《つよ》い　ツヨスギマスクや、アイドルより　かわいい　キュートエンゼル、木の　えだより　細《ほそ》い　ホソホソマンなどが　くらして　います。

やっと　家《いえ》に　帰ると、キュートエンゼルから　手紙《てがみ》が　とどいて　いました。

「ダイナミックマンさんの　ファンです。これからも　がんばって　ください。」

と　書《か》いて　ありました。

ダイナミックマンは、うれしすぎて　とびはねながら　さわぎました。

うんこが　ぜんぶ　もれましたが、気に　しませんでした。

1 つぎの　お話《はなし》を　声《こえ》に　出して　読《よ》んでから、もんだいに　答《こた》えましょう。

① ヒーロー村に　すんで　いる　なかまに　ついて、合《あ》う　ことばを　それぞれ　文しょうの　中から　ぬき出しましょう。

ツヨスギマスク	（れい きょうりゅう）より（れい 強い）
キュートエンゼル	（　）より（　）
ホソホソマン	（　）より（　）

② この　お話には　どんな　場《ば》しょが　出て　きましたか。□《うんこます》に　書きましょう。

・ヒーロー□
・ダイナミックマンの□

ものがたり文の 読《よ》みとり ③

学しゅう日 　月 　日

1 つぎの お話《はなし》を 声《こえ》に 出して 読《よ》んでから、もんだいに 答《こた》えましょう。

雲《くも》の 上を、ヒーローの ダイナミックマンが とんで います。

「こまったなあ。もれちゃうかもなあ。」

うんこを がまんしながら とんで いた ダイナミックマンは、山の 中に トイレを 見つけました。

「やった！」

いそいで 山に おりて、トイレの ドアを あけると、先に だれかが 入って いました。赤くて 大きな 体《からだ》に、ぎらぎらの はでな ふく。ヒーローの デラックスマンです。

「ごめんなさい、デラックスマンさん！」

ダイナミックマンは、あやまって、また 空を とびはじめました。

① ━《せん》のように 言《い》った ダイナミックマンの 気もちは、アイウの うち どれですか。□《うんこます》に 書《か》きましょう。

ア うんこが もれそうで 楽《たの》しい。

イ うんこに なりそうで こまる。

ウ うんこが できるので うれしい。

□

② デラックスマンは、どんな ヒーローですか。正しい もの すべてに ○を つけましょう。

（　）赤い

（　）白い

（　）大きい

（　）小さい

丸《まる》、点《てん》、かぎ②

学しゅう日　　月　　日

1

つぎの　文を、【　】の　いみに
なるように、点《てん》（、）を　一つ
つけましょう。

① ここではきものをかう。

【きものを　かう。】

② うちではブラシでみがく。

【ブラシで　みがく。】

③ うんこがねころんだよ。

【ねころんだ。】

2

つぎの　文に、かぎ（「」）を
つけましょう。

① 先生が　校ていで
はたを　ふりながら、
みんなで　いっしょに
うんこを　しよう。
と　さけんで　います。

② お母《かあ》さんが　ぼくに、
何《なに》　やってるの。
と　聞《き》きました。
ぼくは、
うんこに　えさを
あげて　いるんだよ。
と　答《こた》えました。

丸《まる》、点《てん》、かぎ ①

学しゅう日 月 日

1

□《うんこます》に 丸《まる》(。)か 点《てん》(、)を 書《か》きましょう。

① ぼくの とくぎは □
さか立ちうんこです □

② いい 天気なので □
今日《きょう》は にわで
うんこを しよう □

③ うんこを 自《じ》てん車《しゃ》に
しばりつけて あそんで
いたら □ とれなく
なって しまった □

2

つぎの 文に、点(、)を 一つ つけましょう。

① こんど うんこを なくしたら
もう あげないよ。

② うんこを 丸めて
すべり台《だい》で ころがした。

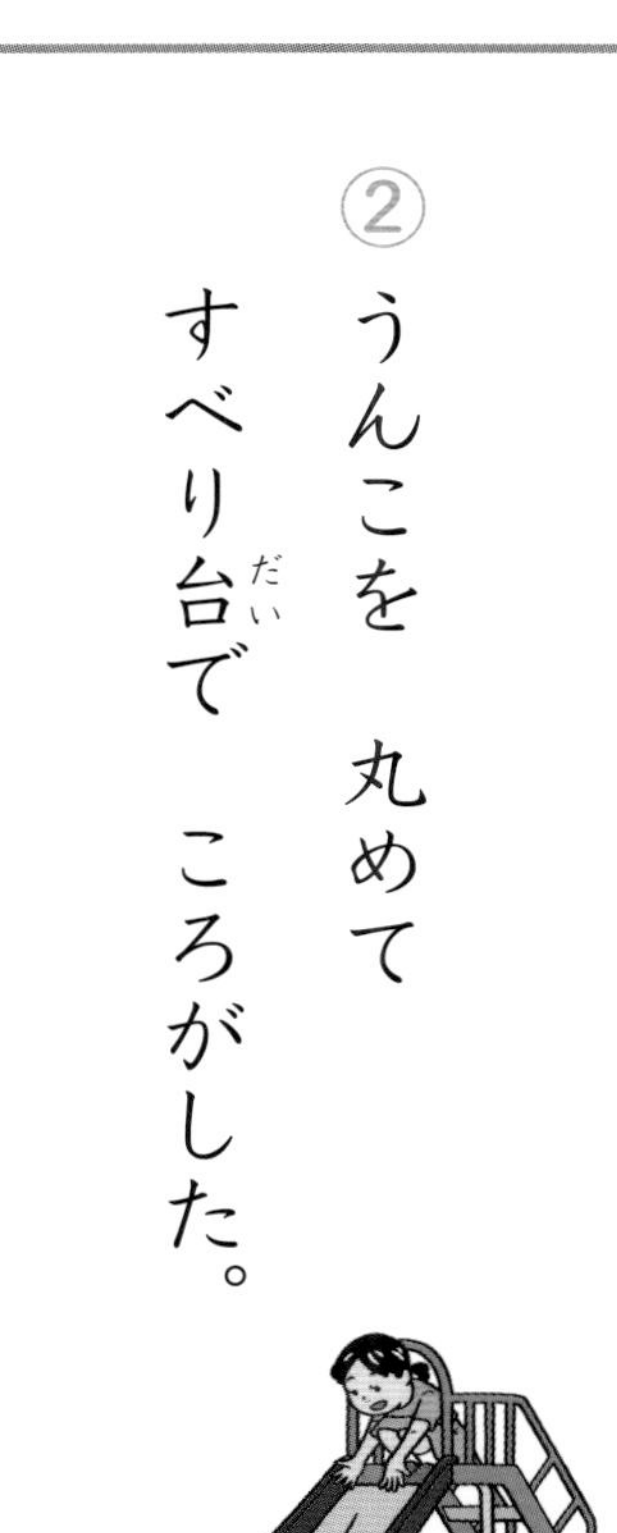

③ うんこの 中から
チクタクと 音が する。

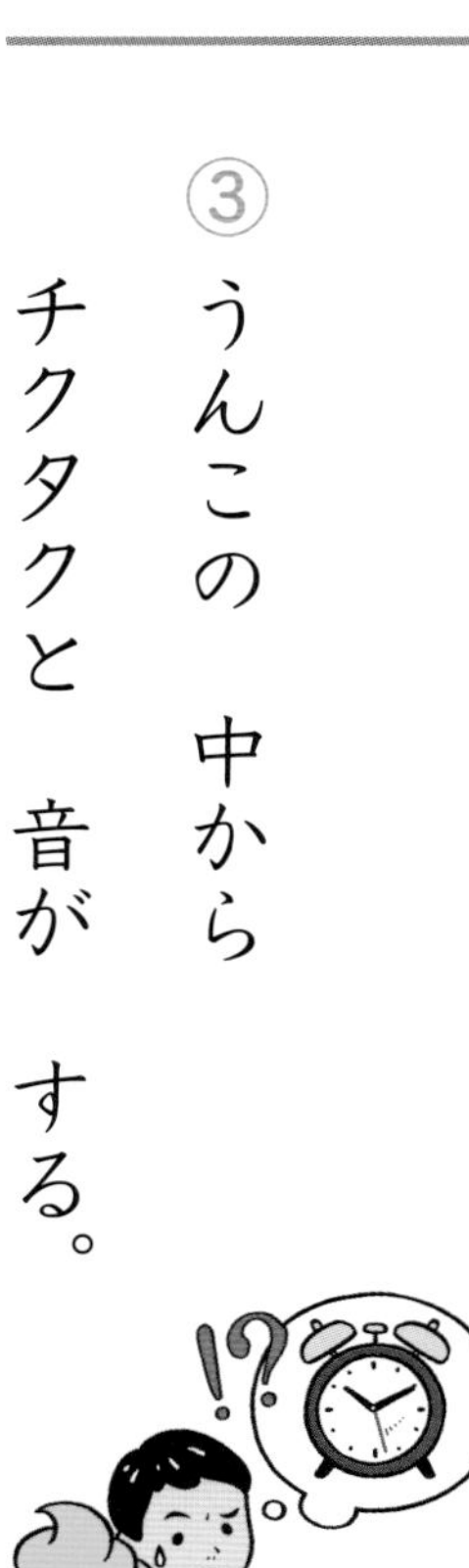

かん字の　長文《ちょうぶん》もんだい

学しゅう日　　月　　日

1

□《うんこます》に　かん字を　書《か》きましょう。

ぼくは　□《がっ》□《こう》が　□《やす》みの
□《ひ》は、だいたい　うんこの
せい理《り》を　して　います。
いくつ　あるか　□《かぞ》えたり、
□《いろ》で　□《わ》けたり、□《な》前《まえ》を
□《かんが》えたり　するのです。
こんど、たつきくんと　うんこの
交《こう》かんを　します。
たつきくんは　□《あか》や　□《あお》の
うんこを　もって　いるそうなので、
楽《たの》しみです。

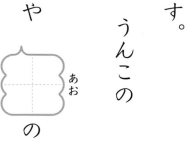

二年生の　かん字 ①

学しゅう日　　月　　日

1

つぎの ―《せん》の かん字の よみを、（　）に かきましょう。

① ここで うんこを しないでと 言（　　）った はずです。

② げんかんに、うんこの 絵（　　）を かざろう。

③ うんこに 書（　　）かれた 文字を 読（　　）む。

2

□《うんこます》に かん字を かきましょう。

① これから うんこを さがしに □《い》く ところだ。

② うんこは もっと 大じに した □《ほう》が いいよ。

③ この □《せん》より □《まえ》に うんこを ならべないで ください。

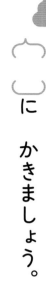

ものがたり文の　読《よ》みとり ②

学しゅう日　月　日

1 つぎの お話《はなし》を 声《こえ》に 出して 読《よ》んでから、もんだいに 答《こた》えましょう。

3の つづき

二ひきが 海《うみ》の 中の トンネルを 通《とお》ろうと した その ときです。大きな 岩《いわ》が あって、先に すすめなく なりました。

「あと 少《すこ》しなのに。」

と、なきそうな 二ひきの 前《まえ》に、一ぴきの マンボウが 通りかかりました。

「どうしたんだい。きみたち、くじらの うんこの 前で、何《なに》 してるんだい。」

なんと、岩では なくて、くじらの うんこだったのです。

まんぞくした 二ひきは、なかよく 話《はな》しながら 帰《かえ》りました。

「オリバ、また こんど、ぼうけんしよう。」

「うん。つぎは、大だこの うんこを 見に 行《い》こう。」

① 二ひきが 先に すすめなく なった 場《ば》しょは どこですか。

海の 中の（　　　　）。

② 3・4の お話で ドイルが した ことの じゅんに なるように、（　）に 番《ばん》ごうを 書《か》きましょう。

（　）くじらの うんこを 見る ことが できた。

（　）パパと ママに ないしょで 出かけた。

（　）いるかの オリバに 出会《であ》った。

（　）オリバと いっしょに 帰った。

ものがたり文の 読《よ》みとり ①

1 つぎの お話《はなし》を 声《こえ》に 出して 読《よ》んでから、もんだいに 答《こた》えましょう。

八月の ある 日の ことです。
うみがめの ドイルは、パパと ママに ないしょで、くじらの うんこを 見に 行《い》く ことに しました。生まれて はじめての ぼうけん。どきどき しながら およいで いると、
「どこ 行くのっ。」
いきなり 声《こえ》が して、びっくり。
でも よく 見ると、小さな ピンクの いるかでした。
「ああ、なんだ、いるかさんかあ。」
「おどろかせて ごめんね。ぼく、オリバ。よろしくね。」
ドイルが くじらの うんこを 見に 行くと 知《し》って、オリバも 大さわぎ。
いっしょに 行く ことに なった 二ひきは、うんこぶりぶりアイランドへ むかいました。

① この お話は、いつの ことですか。

（　　　　）の ある 日。

② ──《せん》と 言《い》った ときの ドイルの 気もちで 合《あ》って いる もの 一つに ○を つけましょう。

（　）こまって いる。
（　）ほっと して いる。
（　）かなしんで いる。

③ ドイルたちは、どこへ むかいましたか。

（　　　　　　　　）アイランド

学しゅう日　月　日

1

□《うんこます》に　数《かず》や　曜《よう》日を　あらわす　かん字を　書《か》きましょう。

① うんこを　□《せん》こに　ちぎる。

② □《はち》月《がつ》は　うんこも　あついだろう。

③ ぼくは　□《か》曜日の　うんこ当番《とうばん》だ。

④ □《きん》曜日の　夜《よる》に　テレビで　うんこを　見た。

2

□《うんこます》に　なかまの　かん字を　書きましょう。

① □《だい》―□《ちゅう》―□《しょう》

② □《め》―□《みみ》―□《くち》

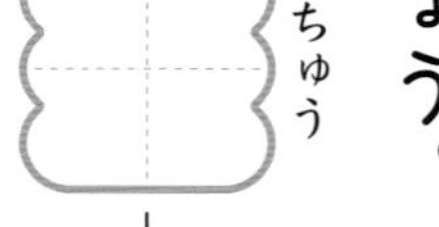

3

□《うんこます》に、にた　形《かたち》の　かん字を　書きましょう。

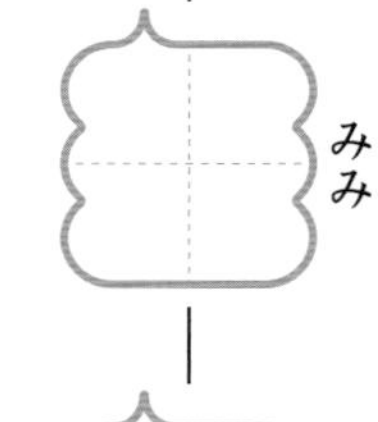

① うんこの　□《みぎ》がわに　きれいな　□《いし》が　ある。

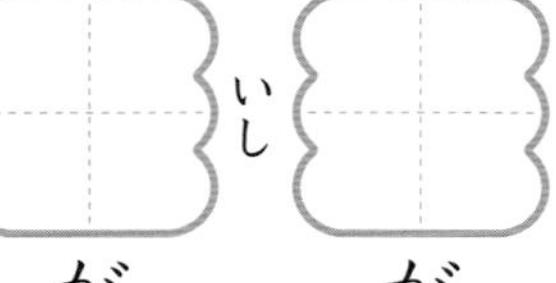

② うんこの　なかに　□《ひと》が　□《はい》って　いる。

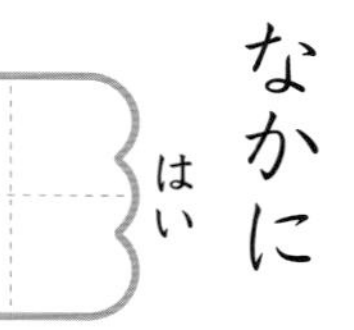

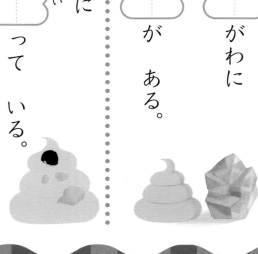

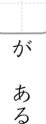

一年生の　ふくしゅう ①

学しゅう日　　月　　日

1 つぎの ―《せん》の かん字の 読《よ》みを、（　）に 書《か》きましょう。

① 先生（　　）が 先（　　）に うんこを します。

② うんこに 赤（　　）い はたを さす。

③ うんこが 川（　　）の 中（　　）に しずむ。

④ 毎《まい》年（　　）うんこと しゃしんを とる。

2 □《うんこます》に かん字を 書《か》きましょう。

① ぼくは うんこの □《き》もちが わかる。

② うんこを □《くるま》で 引《ひ》っぱる。

③ どんな □《おとこ》でも うんこは もらす。

④ うんこから □《あし》が ぬけなく なった。

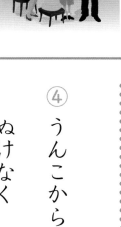

国語《こくご》
KOKUGO

うんこ夏休みドリル

もくじ

算数《さんすう》は はんたいがわから はじまるよ!

がんばるのじゃ

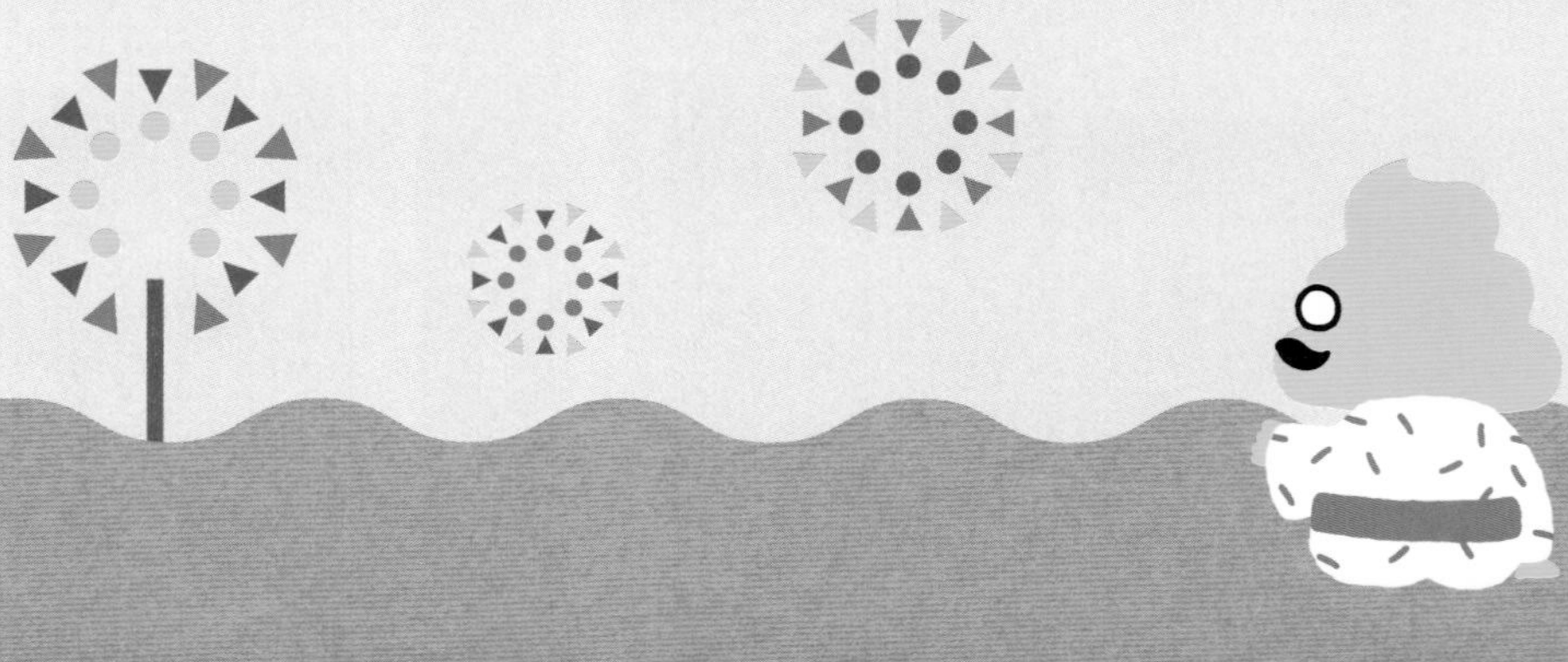

ISBN 978-4-86651-279-2

読《よ》む順番《じゅんばん》

矢印《やじるし》の順番《じゅんばん》に読《よ》んでください

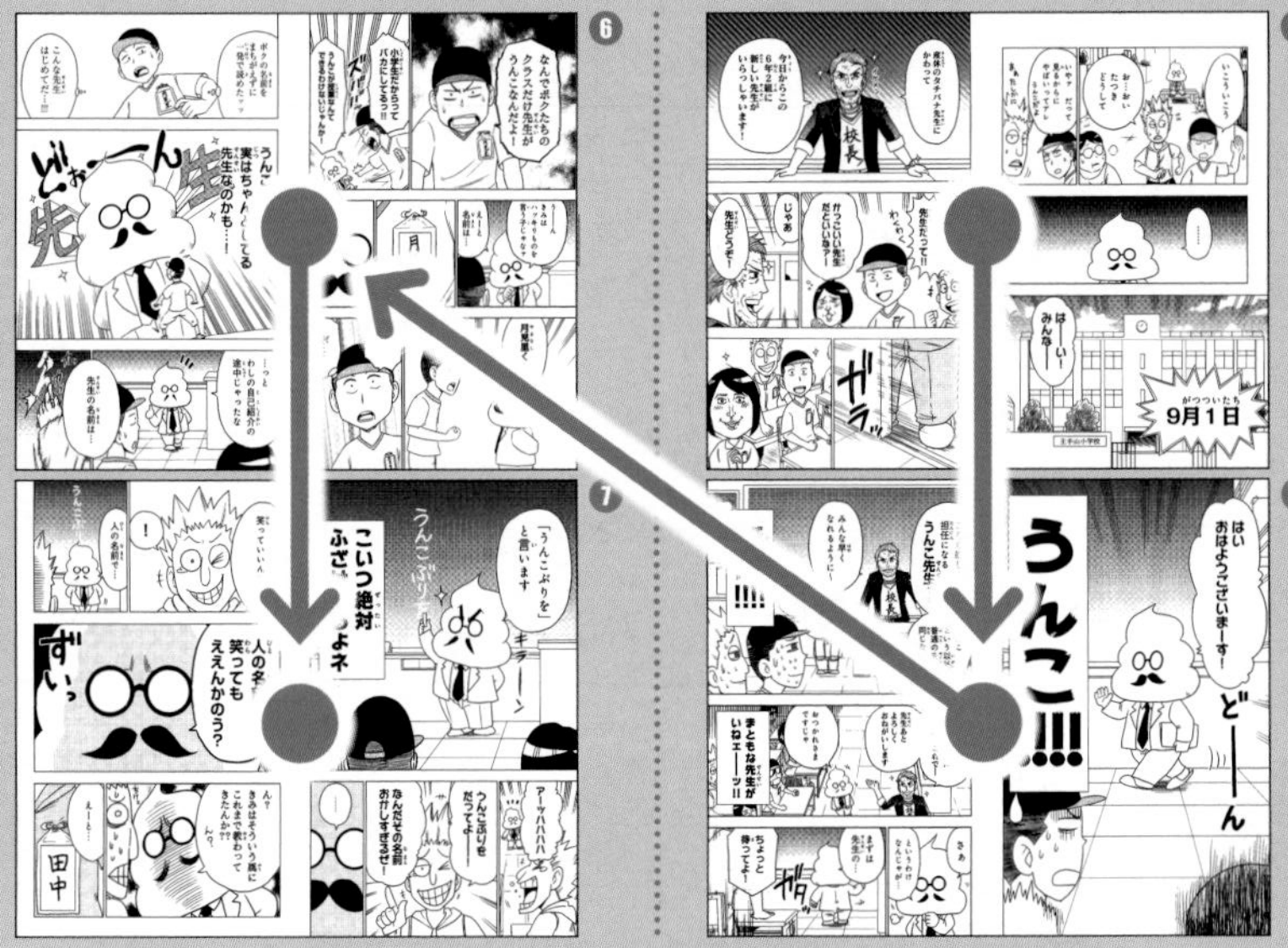

↓ではここから！『おはよう！うんこ先生《せんせい》』第《だい》1話《わ》スタートです！

1

2

3

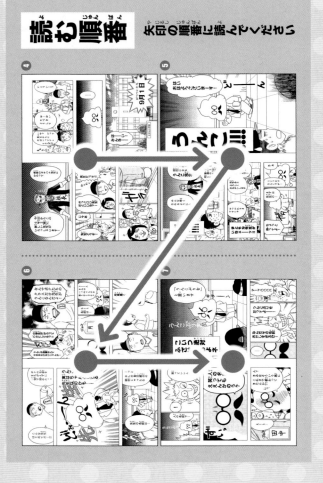

4

いこういこう
お…おい たつき どうして
いやァ だって 見《み》るからに やばいってアレ うんこだよ
まぁ たしかに
……
はーーい！ みんなーー
がつついたち
9月1日
主手山小学校
産休《さんきゅう》のタチバナ先生《せんせい》に かわって
イケメン
今日《きょう》からこの 6年《ねん》2組《くみ》に 新《あたら》しい先生《せんせい》が いらっしゃいます！
校長
おっ！ 新《あたら》しい 先生《せんせい》だって!!
わくわく
かっこいい先生《せんせい》 だといいなァー
じゃあ
先生《せんせい》どうぞ！
ガラッ

5

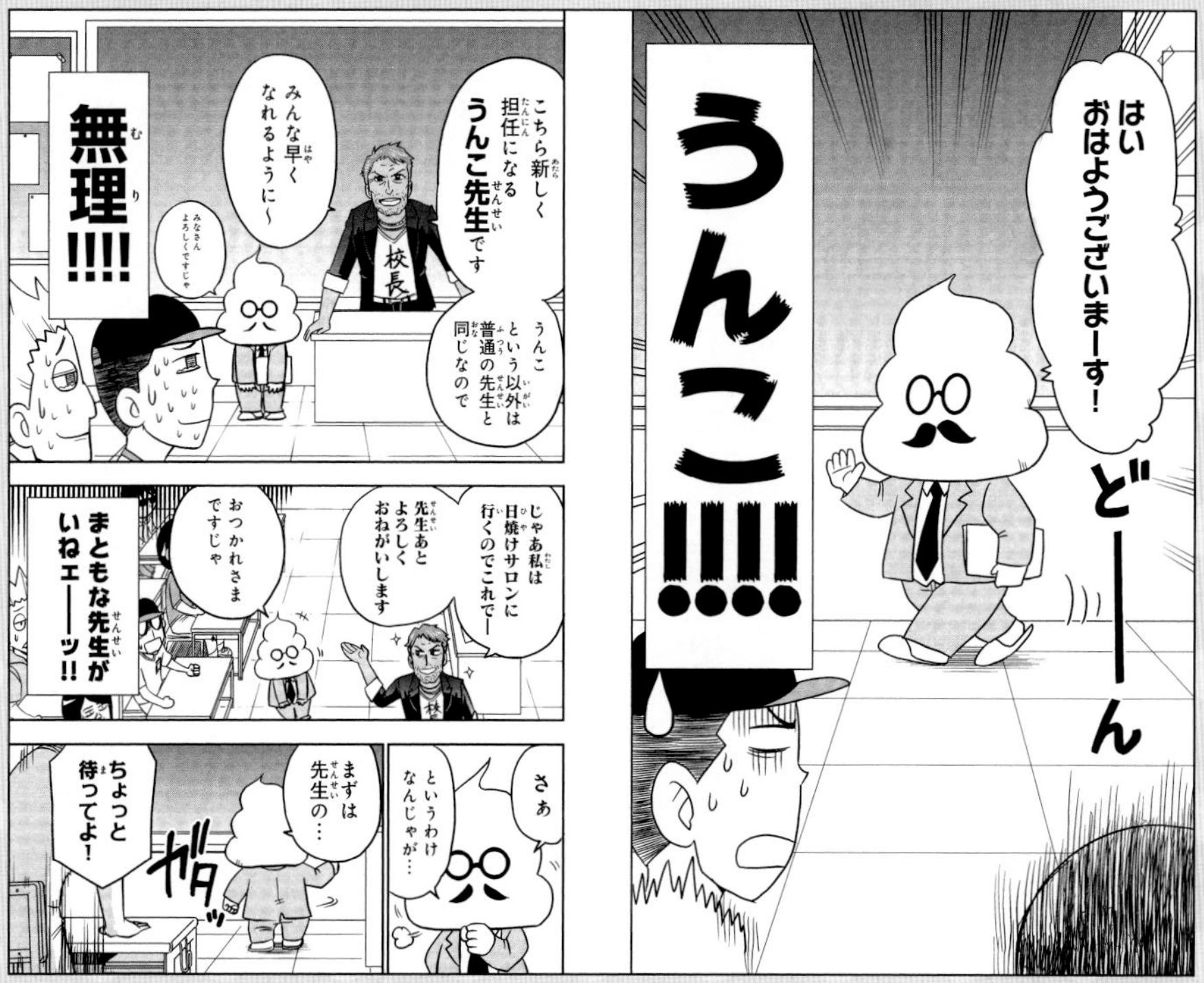
はい おはようございまーす！
どーーーん
うんこ!!!!
こちら新《あたら》しく 担任《たんにん》になる うんこ先生《せんせい》です
うんこ という以外《いがい》は 普通《ふつう》の先生《せんせい》と 同《おな》じなので
みんな早《はや》く なれるように～
みなさん よろしくですじゃ
無理《むり》!!!!
じゃあ私《わたし》は 日焼《ひや》けサロンに 行《い》くのでこれでー
先生《せんせい》あと よろしく おねがいします
おつかれさま ですじゃ
まともな先生《せんせい》が いねエーーッ!!
さぁ
というわけ なんじゃが…
まずは 先生《せんせい》の…
ちょっと 待《ま》ってよ！
ガタッ

6

なんでボクたちの クラスだけ先生《せんせい》が うんこなんだよ！
小学生《しょうがくせい》だからって バカにしてるっ!!
ズバババッ
うんこが授業《じゅぎょう》なんて できるわけないじゃんか！
うーーん きみは ハッキリものを 言《い》う子《こ》じゃなァ
えーと 名前《なまえ》は…
月見里
月見里《やまなし》くんか
…！
ボ…
ボクの名前《なまえ》を まちがえずに 一発《いっぱつ》で読《よ》めたッッ
こんな先生《せんせい》 はじめてだ…!!!
どぉーーん
先生
うんこだけど 実《じつ》はちゃんとしてる 先生《せんせい》なのかも…！
…っと わしの自己紹介《じこしょうかい》の 途中《とちゅう》じゃったな
先生《せんせい》の名前《なまえ》は…
カッ カッ

7

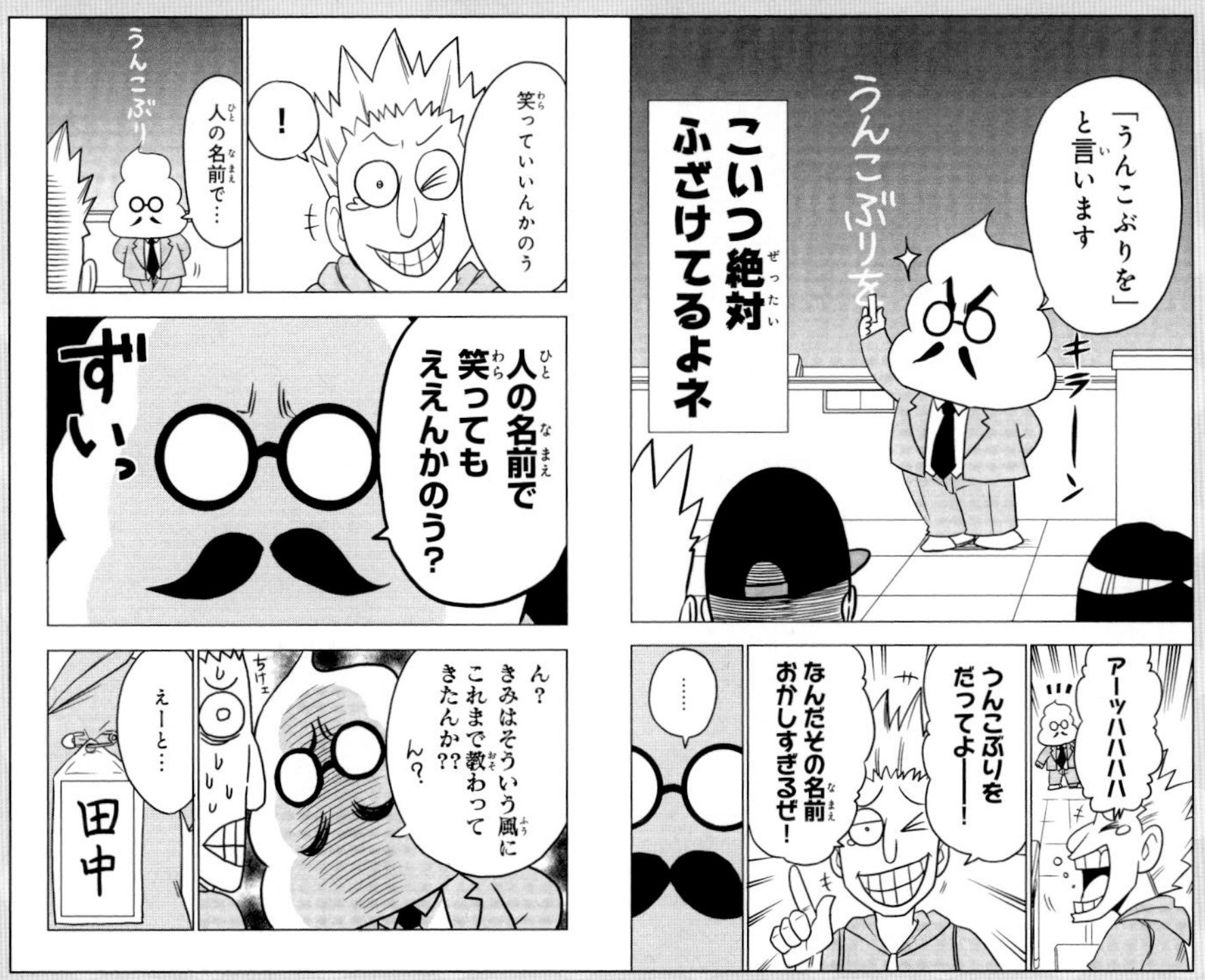
「うんこぶりを」 と言《い》います
うんこぶりを
キラーン
こいつ絶対《ぜったい》 ふざけてるよネ
アーッハハハハ
うんこぶりを だってよーー！
なんだその名前《なまえ》 おかしすぎるぜ！
……
うんこぶり
人《ひと》の名前《なまえ》で…
！
笑《わら》っていいんかのう
人《ひと》の名前《なまえ》で 笑《わら》っても ええんかのう？
ずいっ
ん？ きみはそういう風《ふう》に これまで教《おそ》わって きたんか？？
ん？
ちけェ
えーと…
田中

8

田中《たなか》くん…
ブブッ ふつう!!!
ぶばっ
たなかて!!
失礼《しつれい》な奴《やつ》だな!!!
ところで きみたちは…
コホン
昨日《きのう》わしにウソをついたのう
?
あ
ハッ
このあたりに主手山小学校《おてやましょうがっこう》という学校《がっこう》はないかのう
そういえば…!!
えっ
そんな学校《がっこう》知《し》らないなァ
!!
あ…あやしい…
ぷる
わしが…
ぷる
怪《あや》しかったからだよ!!
ど
あんなとこにうんこなんか座《すわ》ってたら逃《に》げるに決《き》まってるじゃん!!!
わしが困《こま》っとったのに学校《がっこう》の場所《ばしょ》を教《おし》えてくれんかった…
困《こま》っとる人《ひと》には親切《しんせつ》にせんといかんじゃろ?
だ…だって

9

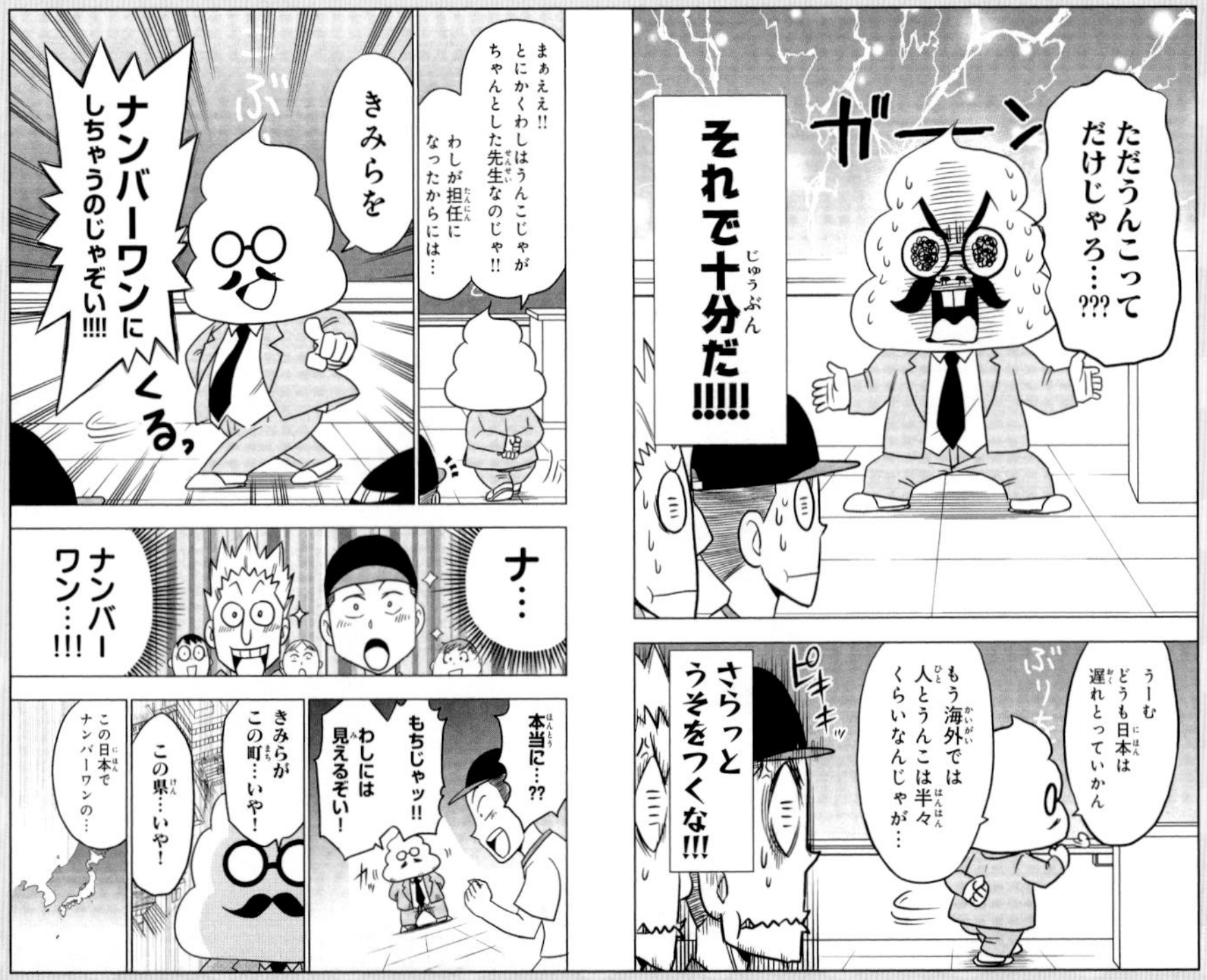
ただうんこってだけじゃろ…???
ガーーン
それで十分《じゅうぶん》だ!!!!!
うーむ どうも日本《にほん》は遅《おく》れとっていかん
ぶりっ
もう海外《かいがい》では人《ひと》とうんこは半々《はんはん》くらいなんじゃが…
ピキキッ
さらっとうそをつくな!!!
まぁええ!! とにかくわしはうんこじゃがちゃんとした先生《せんせい》なのじゃ!! わしが担任《たんにん》になったからには…
きみらを
ぶ
ナンバーワンにしちゃうのじゃぞい!!!!
くるっ
ナ…
ナンバーワン…!!!
本当《ほんとう》に…??
もちじゃッ!! わしには見《み》えるぞい!
きみらがこの町《まち》…いや!
この県《けん》…いや!
この日本《にほん》でナンバーワンの…

10

おすもうさんになっとる姿《すがた》が!!!!
ワー ワー
たっき
なぜ!!!!!!?
わしを先生《せんせい》として認《みと》めるかどうか…
これを見《み》てから判断《はんだん》してほしいのじゃ!
ぐ…
ふつうの先生《せんせい》には…
絶対《ぜったい》にこんなことできんぞい!!
ぐぐ…
ウィン ウィン
ぐぐぐ…
おおお〜〜!!!
もういいよ! 絶対《ぜったい》ふざけてるこのバカうんこ!!
ドドドドド
ちょちょちょちょ
ふつうの先生《せんせい》がいいよ! 校長先生《こうちょうせんせい》に言《い》いに行《い》こう
ゾロゾロ
待ってくれ 待ってくれぃ!!

11

ぼわんっ
ひげ濃《こ》くなっただけ〜〜〜ッ!!!?!
そしてキモイ!
ハァ ハァ ハァ ハァ
UP《ウンコパワー》をつかいすぎた…
バタリ
しかもなんか死《し》にかけてる!!!!
ちぇっ なんだよ変身《へんしん》でもするのかと思《おも》ったじゃん
それならちょっと面白《おもしろ》かったのに!!
オレもビーム光線《こうせん》とか出《で》るのかと思《おも》ったぜ
出《で》るわけないでしょ! バカばっかね
……
変身《へんしん》とビームくらいなら…
ゴワッ

12

13

14

15

〈おはよう！うんこ先生《せんせい》・第《だい》１話《わ》／おわり〉

うんこドリル シリーズ

日本一楽しい夏休みドリル

うんこ夏休みドリル

答《こた》えとアドバイス

小学 2 年生

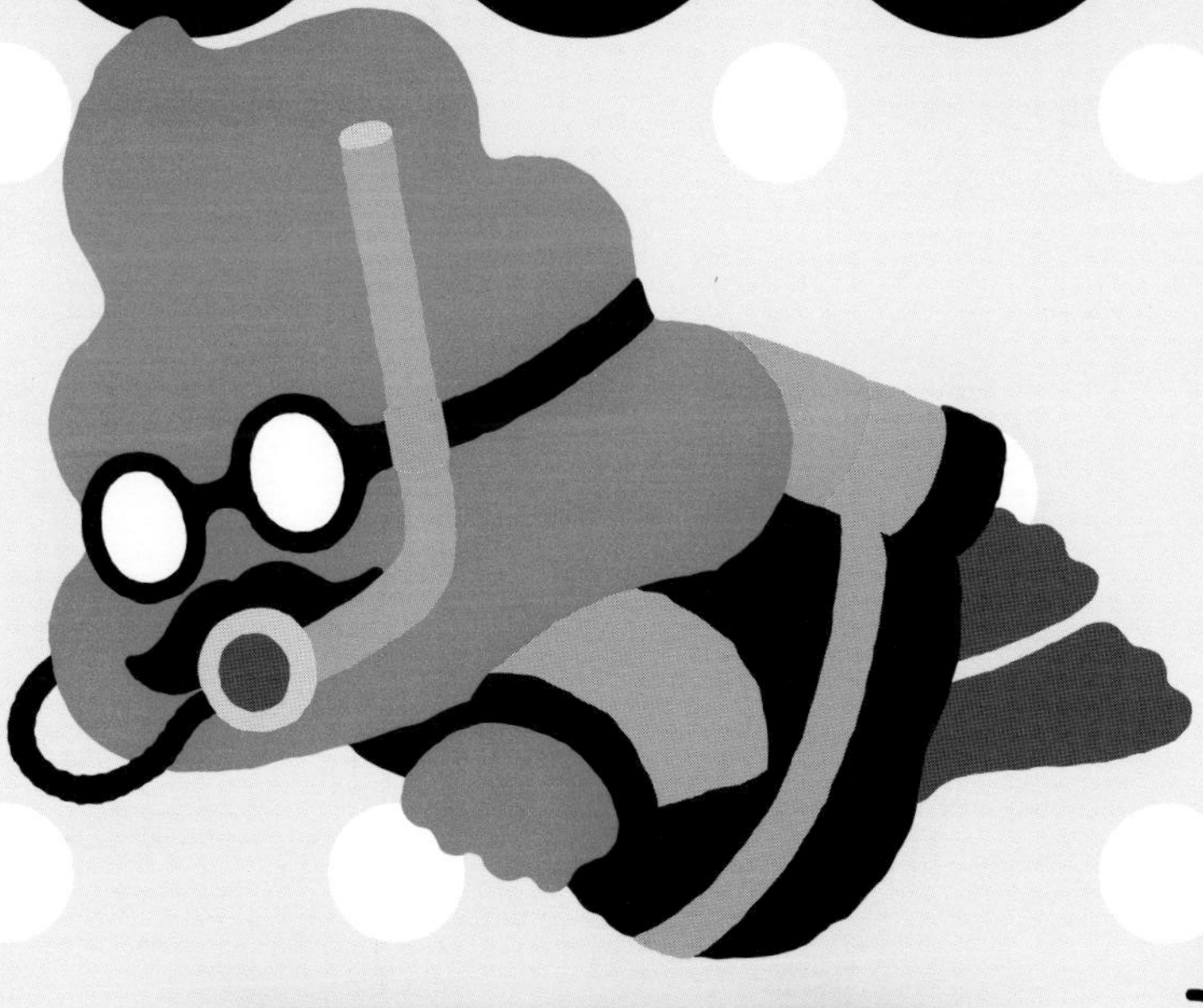

わかりやすい縮《しゅく》刷《さつ》解《かい》答《とう》!

おうちの方《かた》と答《こた》え合《あ》わせしよう!

別《べっ》冊《さつ》

国語

46・47 ページ

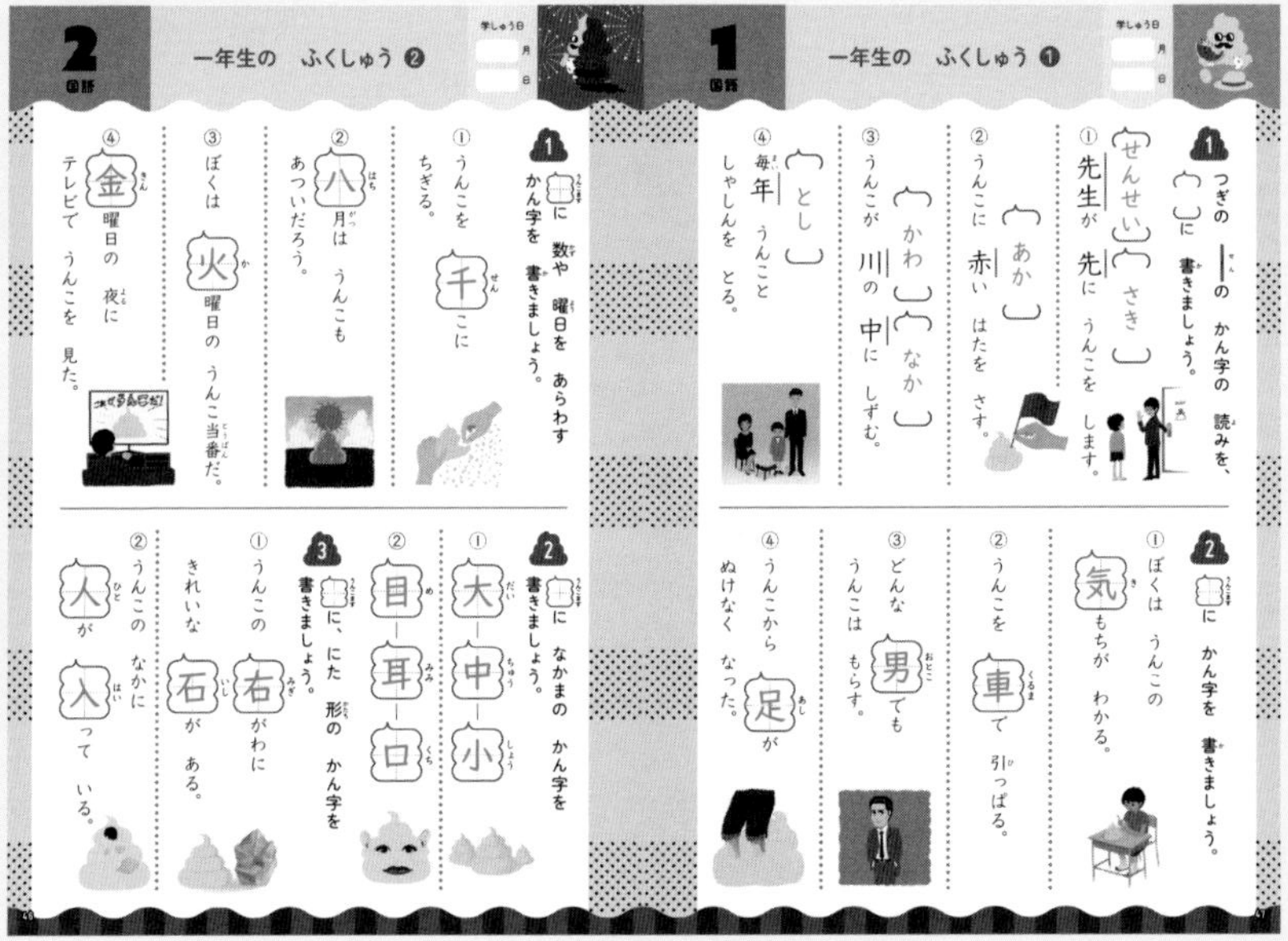
1 国語 一年生の　ふくしゅう ❶
学しゅう日　月　日
1 つぎの ―の かん字の 読《よ》みを、〔　〕に 書きましょう。
① 〔せんせい〕〔さき〕
先生が 先に うんこを します。
② 〔あか〕
うんこに 赤い はたを さす。
③ 〔かわ〕〔なか〕
うんこが 川の 中に しずむ。
④ 〔とし〕
毎年 うんこと しゃしんを とる。
2 □に かん字を 書きましょう。
① ぼくは うんこの 〔気《き》〕もちが わかる。
② うんこを 〔車《くるま》〕で 引っぱる。
③ どんな 〔男《おとこ》〕でも うんこは もらす。
④ うんこから 〔足《あし》〕が ぬけなく なった。

2 国語 一年生の　ふくしゅう ❷
学しゅう日　月　日
1 □に 数や 曜日を あらわす かん字を 書きましょう。
① うんこを 〔千《せん》〕こに ちぎる。
② 〔八《はち》〕月《がつ》は うんこも あついだろう。
③ ぼくは 〔火《か》〕曜日の うんこ当番《とうばん》だ。
④ 〔金《きん》〕曜日の 夜《よる》に テレビで うんこを 見た。
2 □に なかまの かん字を 書きましょう。
① 〔大《だい》〕―〔中《ちゅう》〕―〔小《しょう》〕
② 〔目《め》〕―〔耳《みみ》〕―〔口《くち》〕
3 □に、にた 形の かん字を 書きましょう。
① うんこの 〔右《みぎ》〕がわに きれいな 〔石《いし》〕が ある。
② うんこの なかに 〔人《ひと》〕が 〔入《はい》〕って いる。

1

1 ① 一年生で習った漢字の復習です。「先」は、熟語や文の意味を考えながら、「せん」「さき」のうち、正しい読み方を選べるようにしましょう。

2 ④ 「足」は字形をまちがえやすい漢字です。正しく書けているかを確認しましょう。

2

1 一年生で習った漢数字や曜日を表す漢字を書く問題です。曜日を表す漢字は、学校生活や日常生活での使用頻度が高いので、今のうちにしっかり覚えて使えるよう繰り返し確かめるようにしましょう。

2 仲間の漢字を書く問題です。漢字は一つ一つ覚えるよりも、意味でまとめて学習したほうが効率的に習得することができます。

3 形の似ている漢字を書く問題です。筆順や、画のつき方や交わり方を意識して書きましょう。

44・45 ページ

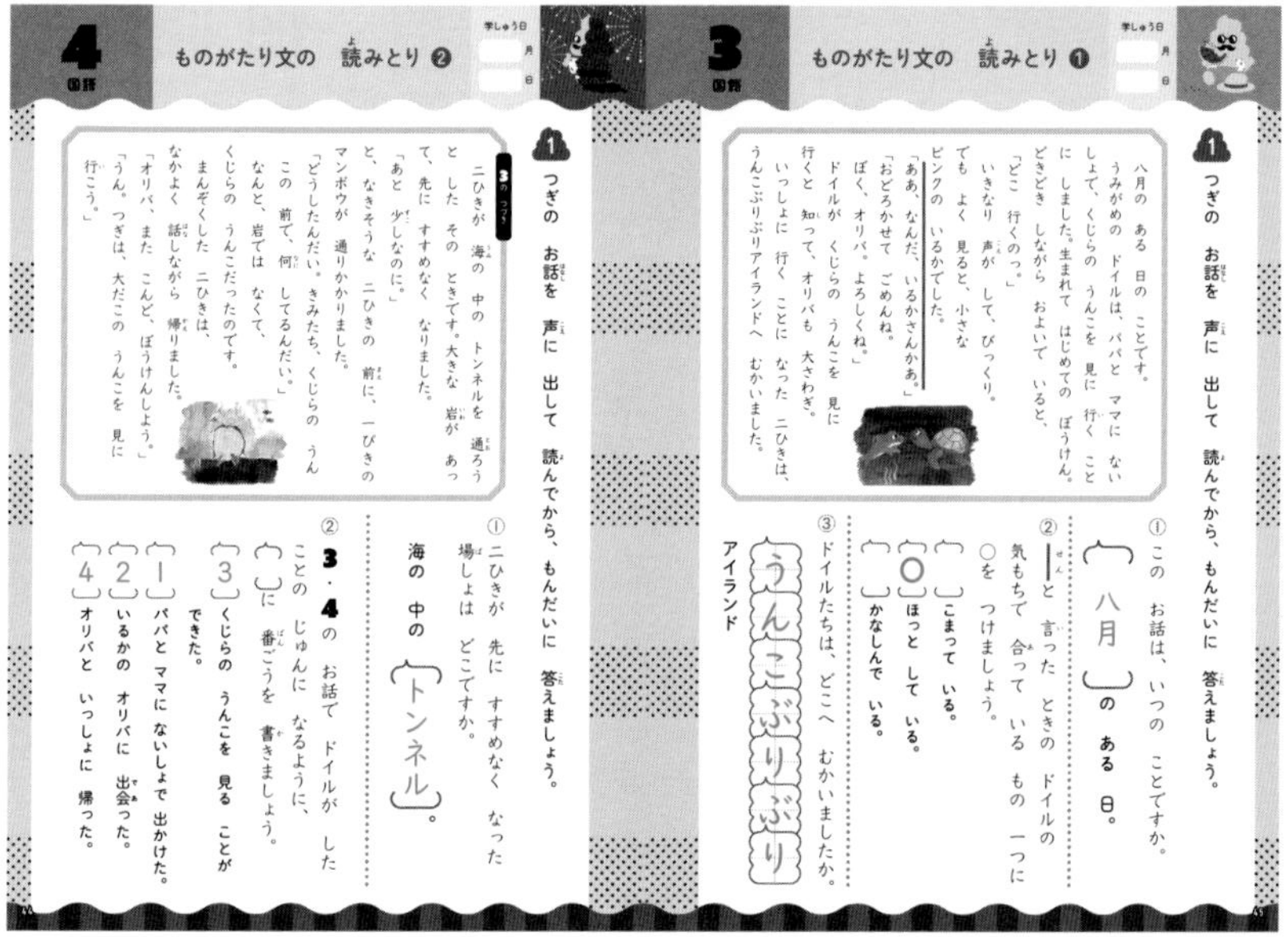
3 国語 ものがたり文の　読《よ》みとり ❶
学しゅう日　月　日
1 つぎの お話を 声に 出して 読んでから、もんだいに 答えましょう。
八月の ある 日の ことです。
うみがめの ドイルは、パパと ママに ないしょで、くじらの うんこを 見に 行く ことに しました。生まれて はじめての ぼうけん。
どきどき しながら およいで いると、
「どこ 行くのっ。」
いきなり 声が して、びっくり。
でも よく 見ると、小さな ピンクの いるかでした。
「ああ、なんだ、いるかさんかあ。」
「おどろかせて ごめんね。
ぼく、オリバ。よろしくね。」
ドイルが くじらの うんこを 見に 行くと 知って、オリバも 大さわぎ。
いっしょに 行く ことに なった 二ひきは、うんこぶりぶりアイランドへ むかいました。
① この お話は、いつの ことですか。
〔八月〕の ある 日。
② ―と 言った ときの ドイルの 気もちで 合って いる もの 一つに ○を つけましょう。
〔　〕こまって いる。
〔○〕ほっと して いる。
〔　〕かなしんで いる。
③ ドイルたちは、どこへ むかいましたか。
〔うんこぶりぶり〕アイランド

4 国語 ものがたり文の　読《よ》みとり ❷
学しゅう日　月　日
1 つぎの お話を 声に 出して 読んでから、もんだいに 答えましょう。
3の つづき
二ひきが 海《うみ》の 中の トンネルを 通《とお》ろうと した その ときです。大きな 岩《いわ》が あって、先に すすめなく なりました。

「あと 少《すこ》しなのに。」

と、なきそうな 二ひきの 前《まえ》に、一ぴきの マンボウが 通りかかりました。

「どうしたんだい。きみたち、くじらの うんこの 前で、何《なに》 してるんだい。」

なんと、岩では なくて、くじらの うんこだったのです。

まんぞくした 二ひきは、なかよく 話《はな》しながら 帰《かえ》りました。

「オリバ、また こんど、ぼうけんしよう。」

「うん。つぎは、大だこの うんこを 見に 行《い》こう。」
① 二ひきが 先に すすめなく なった 場《ば》しょは どこですか。
海の 中の 〔トンネル〕。
② 3・4の お話で ドイルが した ことの じゅんに なるように、〔　〕に 番《ばん》ごうを 書《か》きましょう。
〔3〕くじらの うんこを 見る ことが できた。
〔1〕パパと ママに ないしょで 出かけた。
〔2〕いるかの オリバに 出会《であ》った。
〔4〕オリバと いっしょに 帰った。

3

1 ② ドイルの台詞の前の文章に注目します。いきなり声がして「びっくり」したこととは対照的に、その後の「でも」という逆接の接続詞と「小さなピンクのいるか」から、驚きから一変して安堵の気持ちが読み取れます。台詞の「ああ、なんだ、」という言葉もヒントになります。

4

1 ② 物語の順序を読み解く問題です。それぞれの選択肢の場面がどこにあるか、文章に直接線を引いて番号を振るとわかりやすくなります。

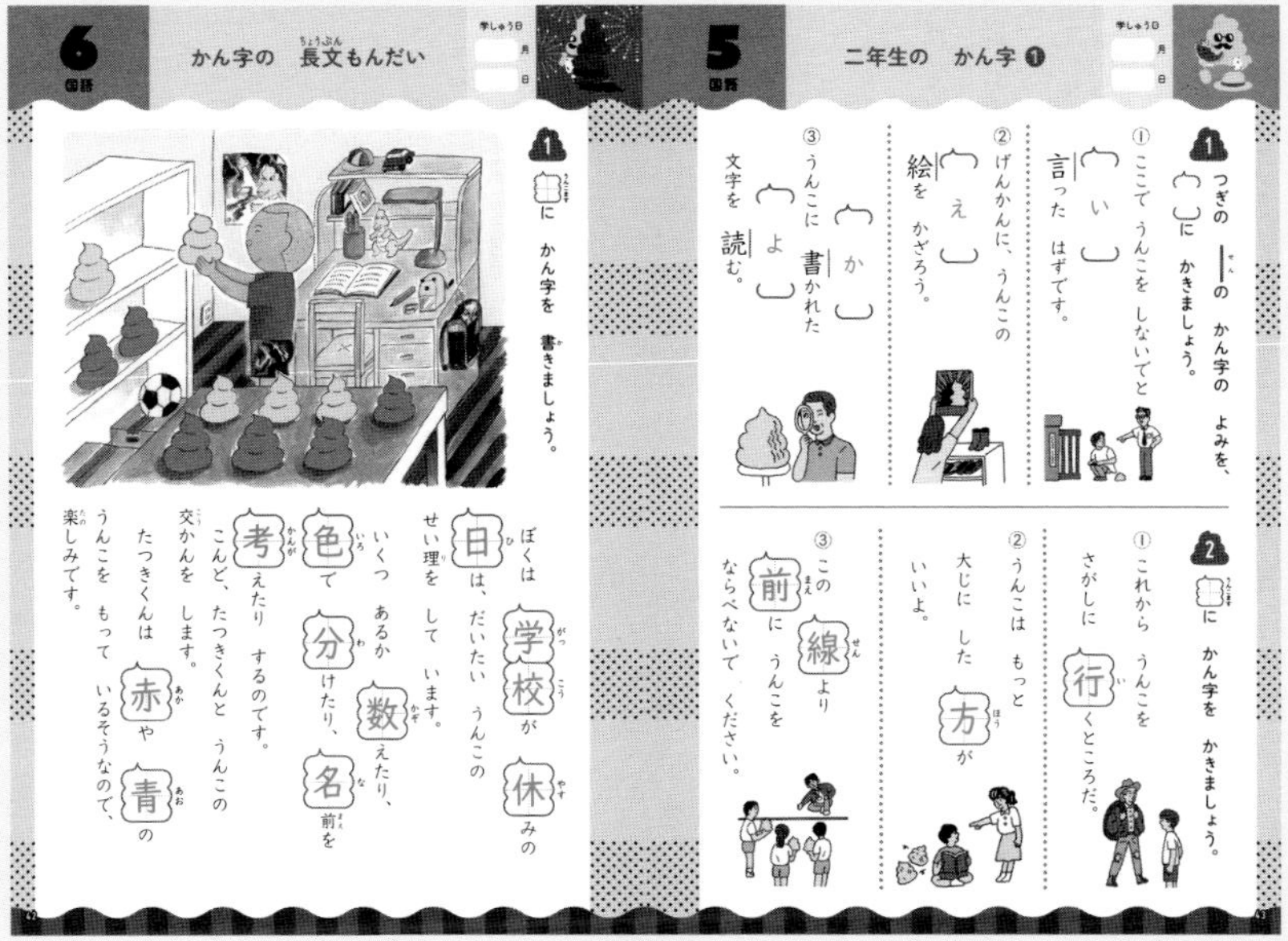

5 二年生で習う漢字の読み書き問題です。

1 どれも日常で多く使われる漢字ですので、読み方をしっかりと身につけ、ふだんの生活の中でも活用しましょう。

2 ③「線」は画数が多く、二年生にとって書きにくい漢字です。ますからはみ出しても構いませんので、丁寧に書くようにしましょう。

6 **1** 長い文章を読んで、その中にある漢字を書く問題です。まずはどんなことが書かれている文章なのか、読んでみましょう。そして、絵を見て場面を思いうかべながら、文の意味に合う漢字を書いていきましょう。

7 **1** 句点（。）は文の終わりに、読点（、）は文の途中の区切りにつけます。**2** 読点は、意味の切れ目や「間」をとりたいときに使います。書いたら、実際に声に出して読んで確認するとよいでしょう。

8 **1** 読点の位置で文の意味が変わる問題です。①は「ここで、履物を買う。」とならないように、②は「うちで、歯ブラシで磨く。」とならないように、③は「うんこがね、転んだよ。」とならないようにそれぞれ注意しましょう。読点の位置によって意味が変わる日本語の面白さに気づけるとより楽しいでしょう。

2 かぎ（「」）は主に人の話した言葉（台詞）につけます。終わりには、句点とかぎの両方（。」）をつけましょう。

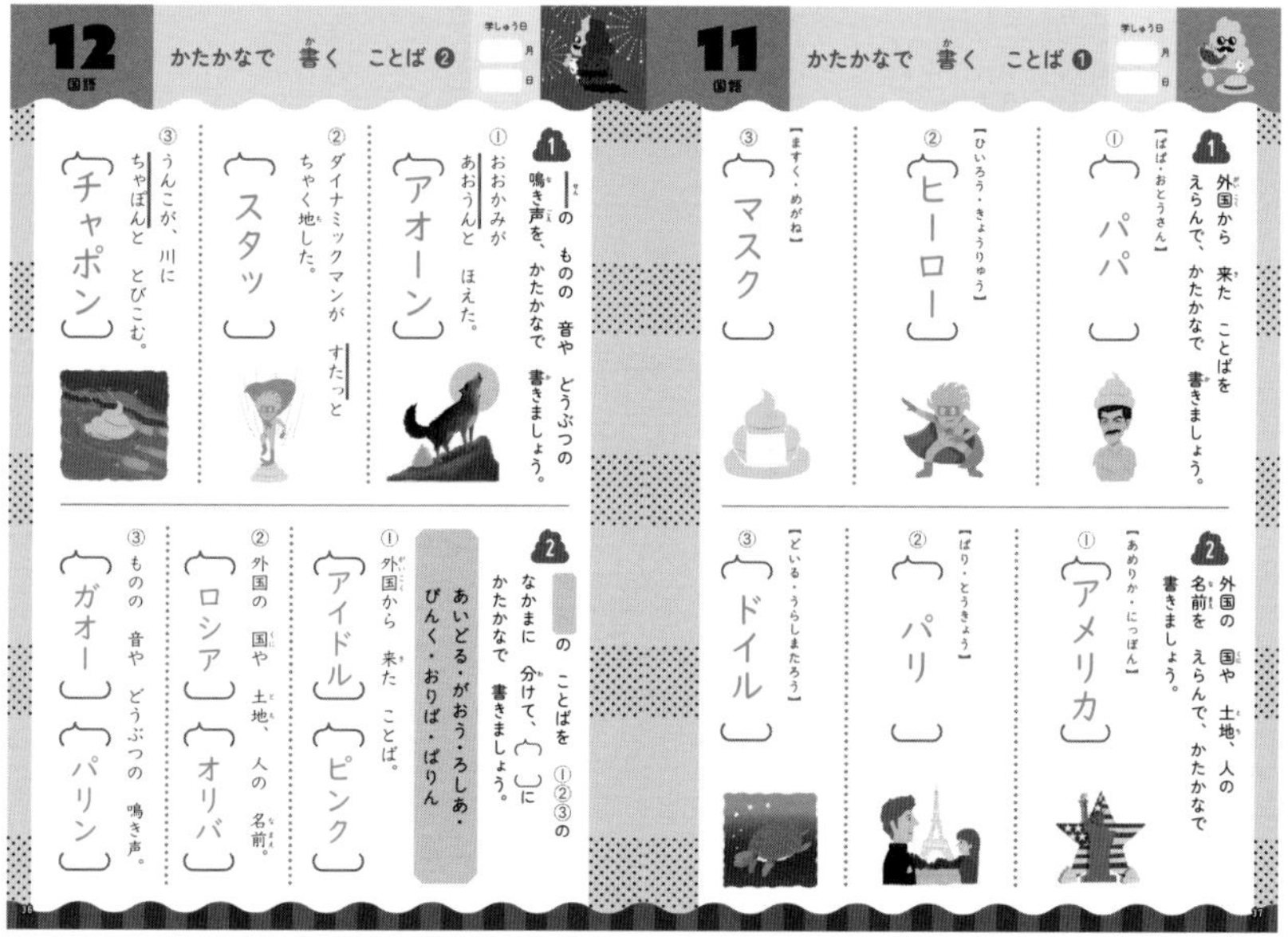

11 国語　かたかなで 書《か》く ことば ①　学しゅう日 月 日

1 外国《がいこく》から 来《き》た ことばを えらんで、かたかなで 書《か》きましょう。

【ぱぱ・おとうさん】 ①〔パパ〕

【ひいろう・きょうりゅう】 ②〔ヒーロー〕

【ますく・めがね】 ③〔マスク〕

2 外国の 国《くに》や 土地《とち》、人の 名前《なまえ》を えらんで、かたかなで 書きましょう。

【あめりか・にっぽん】 ①〔アメリカ〕

【ぱり・とうきょう】 ②〔パリ〕

【どいる・うらしまたろう】 ③〔ドイル〕

12 国語　かたかなで 書《か》く ことば ②　学しゅう日 月 日

1 ―の ものの 音や どうぶつの 鳴《な》き声《ごえ》を、かたかなで 書きましょう。

① おおかみが あおうんと ほえた。〔アオーン〕

② ダイナミックマンが すたっと ちゃく地《ち》した。〔スタッ〕

③ うんこが、川に ちゃぽんと とびこむ。〔チャポン〕

2 ▭の ことばを なかまに 分《わ》けて、〔 〕に かたかなで 書きましょう。①②③の

あいどる・がおう・ろしあ・ぴんく・おりば・ぱりん

① 外国《がいこく》から 来《き》た ことば。〔アイドル〕〔ピンク〕

② 外国の 国《くに》や 土地《とち》、人の 名前《なまえ》。〔ロシア〕〔オリバ〕

③ ものの 音や どうぶつの 鳴き声。〔ガオー〕〔パリン〕

11

1 2 片仮名で書く言葉には、外国から来た言葉（外来語）、外国の地名や人名、実際の音を表した擬音語、動物・植物の名前などがあります。また、伸ばす音（長音）は片仮名の場合、「ー」で書き表します。

12

1 実際の音や動物の鳴き声を表す擬音語は、片仮名で表記するということを理解させましょう。

2 片仮名には、「ソ」と「ン」、「シ」と「ツ」、「ク」と「ワ」など、形の似ている文字が多くあります。また、「り」と「リ」など、平仮名と似ている文字もあります。書く方向や筆順、運筆に気をつけ、区別して書くよう促しましょう。

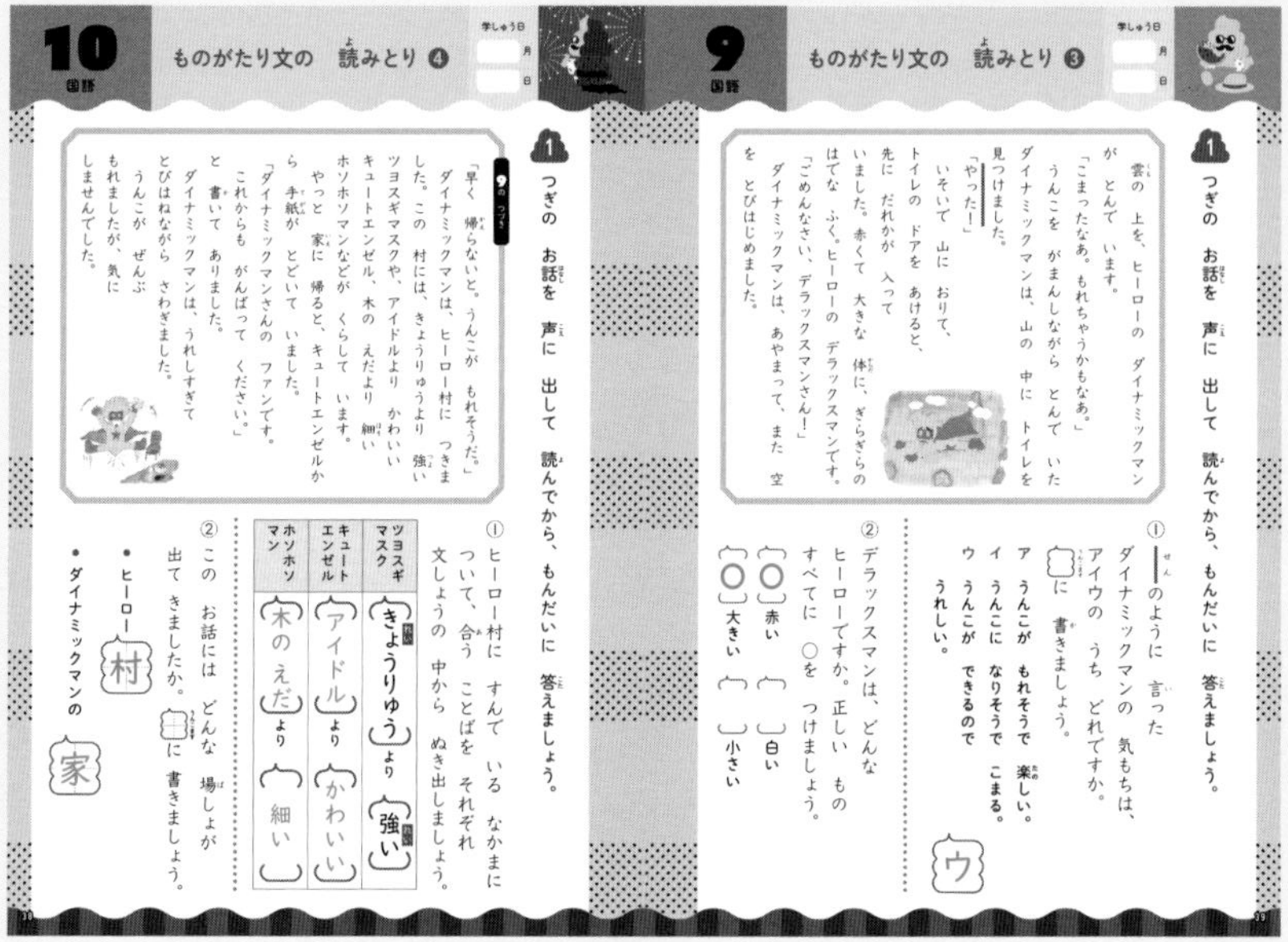

9 国語　ものがたり文の 読《よ》みとり ③　学しゅう日 月 日

1 つぎの お話《はなし》を 声《こえ》に 出して 読《よ》んでから、もんだいに 答《こた》えましょう。

雲《くも》の 上を、ヒーローの ダイナミックマンが とんで います。

「こまったなあ。もれちゃうかもなあ。」

うんこを がまんしながら とんで いた ダイナミックマンは、山の 中に トイレを 見つけました。

「やった！」

いそいで 山に おりて、トイレの ドアを あけると、先に だれかが 入って いました。赤くて 大きな 体《からだ》に、ぎらぎらの はでな ふく。ヒーローの デラックスマンです。

「ごめんなさい、デラックスマンさん！」

ダイナミックマンは、あやまって、また 空を とびはじめました。

① ―のように 言った ダイナミックマンの 気もちは、アイウの うち どれですか。□に 書きましょう。

ア うんこが もれそうで 楽《たの》しい。
イ うんこに なりそうで こまる。
ウ うんこが できるので うれしい。

〔ウ〕

② デラックスマンは、どんな ヒーローですか。正しい もの すべてに ○を つけましょう。

（○）赤い　（ ）白い
（○）大きい　（ ）小さい

10 国語　ものがたり文の 読《よ》みとり ④　学しゅう日 月 日

1 つぎの お話《はなし》を 声《こえ》に 出して 読《よ》んでから、もんだいに 答《こた》えましょう。

9の つづき

「早く 帰《かえ》らないと。うんこが もれそうだ。」

ダイナミックマンは、ヒーロー村に つきました。この 村には、きょうりゅうより 強《つよ》い ツヨスギマスクや、アイドルより かわいい キュートエンゼル、木の えだより 細《ほそ》い ホソホソマンなどが くらして います。

やっと 家《いえ》に 帰ると、キュートエンゼルから 手紙《てがみ》が とどいて いました。

「ダイナミックマンさんの ファンです。これからも がんばって ください。」

と 書いて ありました。

ダイナミックマンは、うれしすぎて とびはねながら さわぎました。

うんこが ぜんぶ もれましたが、気に しませんでした。

① ヒーロー村に すんで いる なかまに ついて、合う ことばを それぞれ 文しょうの 中から ぬき出しましょう。

ツヨスギマスク	〔きょうりゅう〕より	〔強い〕
キュートエンゼル	〔アイドル〕より	〔かわいい〕
ホソホソマン	〔木の えだ〕より	〔細い〕

② この お話には どんな 場《ば》しょが 出て きましたか。□に 書きましょう。

・ヒーロー〔村〕
・ダイナミックマンの〔家〕

9

1 ① 登場人物の台詞から気持ちを読み解く問題です。「やった！」は喜びを表す言葉です。その前の「こまったなあ。」という台詞と、トイレを見つけてその困惑から解放される喜びを想像させましょう。

② トイレに入っていたデラックスマンを説明する一文をよく読んで答えを導き出します。解答が一つではないことにも注意させましょう。

10

1 ① それぞれについての説明が正確に読み取れているかを問う問題です。名前の前にその説明があることに気づかせましょう。

34・35 ページ

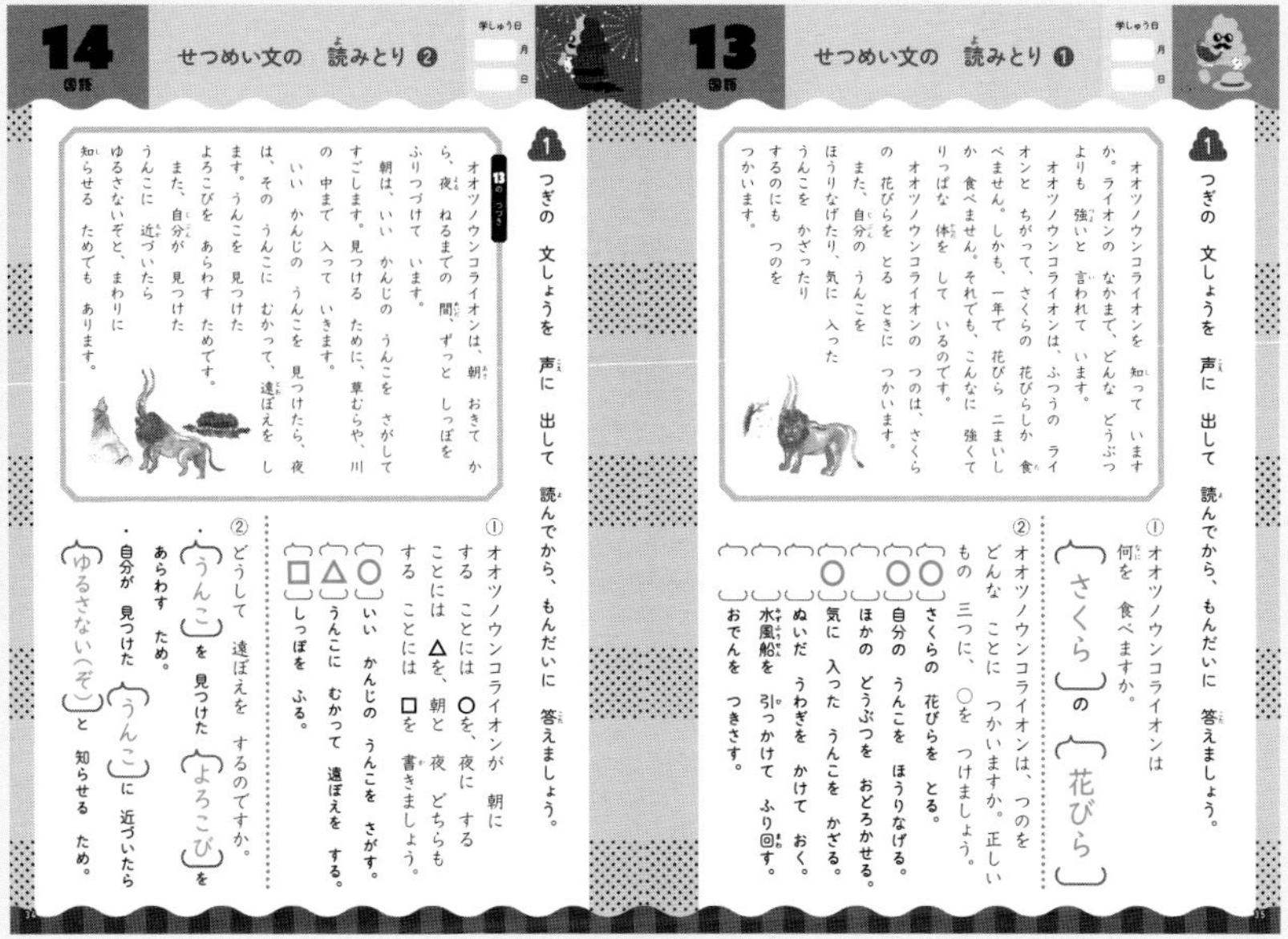

13 国語 せつめい文の　読《よ》みとり ❶

学しゅう日　月　日

1 つぎの　文しょうを　声《こえ》に　出して　読《よ》んでから、もんだいに　答《こた》えましょう。

オオツノウンコライオンを　知《し》って　いますか。ライオンの　なかまで、どんな　どうぶつよりも　強《つよ》いと　言《い》われて　います。

オオツノウンコライオンは、ふつうの　ライオンと　ちがって、さくらの　花びらしか　食《た》べません。しかも、一年で　花びら　二まいしか　食べません。それでも、こんなに　強くて　りっぱな　体《からだ》を　して　いるのです。

オオツノウンコライオンの　つのは、さくらの　花びらを　とる　ときに　つかいます。

また、自分《じぶん》の　うんこを　ほうりなげたり、気に　入った　うんこを　かざったり　するのにも　つのを　つかいます。

① オオツノウンコライオンは　何《なに》を　食べますか。

〔さくら〕の〔花びら〕

② オオツノウンコライオンは、つのを　どんな　ことに　つかいますか。正しい　もの　三つに、○を　つけましょう。

〔○〕さくらの　花びらを　とる。
〔○〕自分の　うんこを　ほうりなげる。
〔　〕ほかの　どうぶつを　おどろかせる。
〔○〕気に　入った　うんこを　かざる。
〔　〕ぬいだ　うわぎを　かけて　おく。
〔　〕水風船《みずふうせん》を　引っかけて　ふり回《まわ》す。
〔　〕おでんを　つきさす。

14 国語 せつめい文の　読《よ》みとり ❷

学しゅう日　月　日

1 つぎの　文しょうを　声《こえ》に　出して　読《よ》んでから、もんだいに　答《こた》えましょう。

13の　つづき

オオツノウンコライオンは、朝《あさ》　おきて　から、夜《よる》　ねるまでの　間《あいだ》、ずっと　しっぽを　ふりつづけて　います。

朝は、いい　かんじの　うんこを　さがして　すごします。見つける　ために、草むらや、川の　中まで　入って　いきます。

いい　かんじの　うんこを　見つけたら、夜は、その　うんこに　むかって、遠《とお》ぼえを　します。うんこを　見つけた　よろこびを　あらわす　ためです。

また、自分《じぶん》が　見つけた　うんこに　近《ちか》づいたら　ゆるさないぞと、まわりに　知《し》らせる　ためでも　あります。

① オオツノウンコライオンが　朝に　する　ことには　○を、夜に　する　ことには　△を、朝と　夜　どちらも　する　ことには　□を　書《か》きましょう。

〔○〕いい　かんじの　うんこを　さがす。
〔△〕うんこに　むかって　遠ぼえを　する。
〔□〕しっぽを　ふる。

② どうして　遠ぼえを　するのですか。

・〔うんこ〕を　見つけた　〔よろこび〕を　あらわす　ため。
・自分が　見つけた　〔うんこ〕に　近づいたら　〔ゆるさない（ぞ）〕と　知らせる　ため。

13
1 オオツノウンコライオンの生態を捉えさせます。① 文中では「さくらの花びらしか食べません。」とあり、一見否定的な表現になっているので注意が必要です。お子さまが困っているときは、「しか」という副助詞に注目させて、限定を表す内容であることを伝えてあげましょう。② 三つ目と四つ目のまとまりに答えがあります。「また」という接続語が並列を意味することを理解させましょう。

14
1 ① オオツノウンコライオンの行動を、順を追って読み取ります。「朝」「夜」というキーワードに注目させ、答えを見つけ出せるよう導きましょう。② 遠吠えすることが書かれた直後の一文の文末に注目します。「〜ため」という言葉が、理由を表すことを理解させましょう。そして **13** で学んだ並列を表す「また」に注目させて、二つ目の答えを導き出しましょう。

32・33 ページ

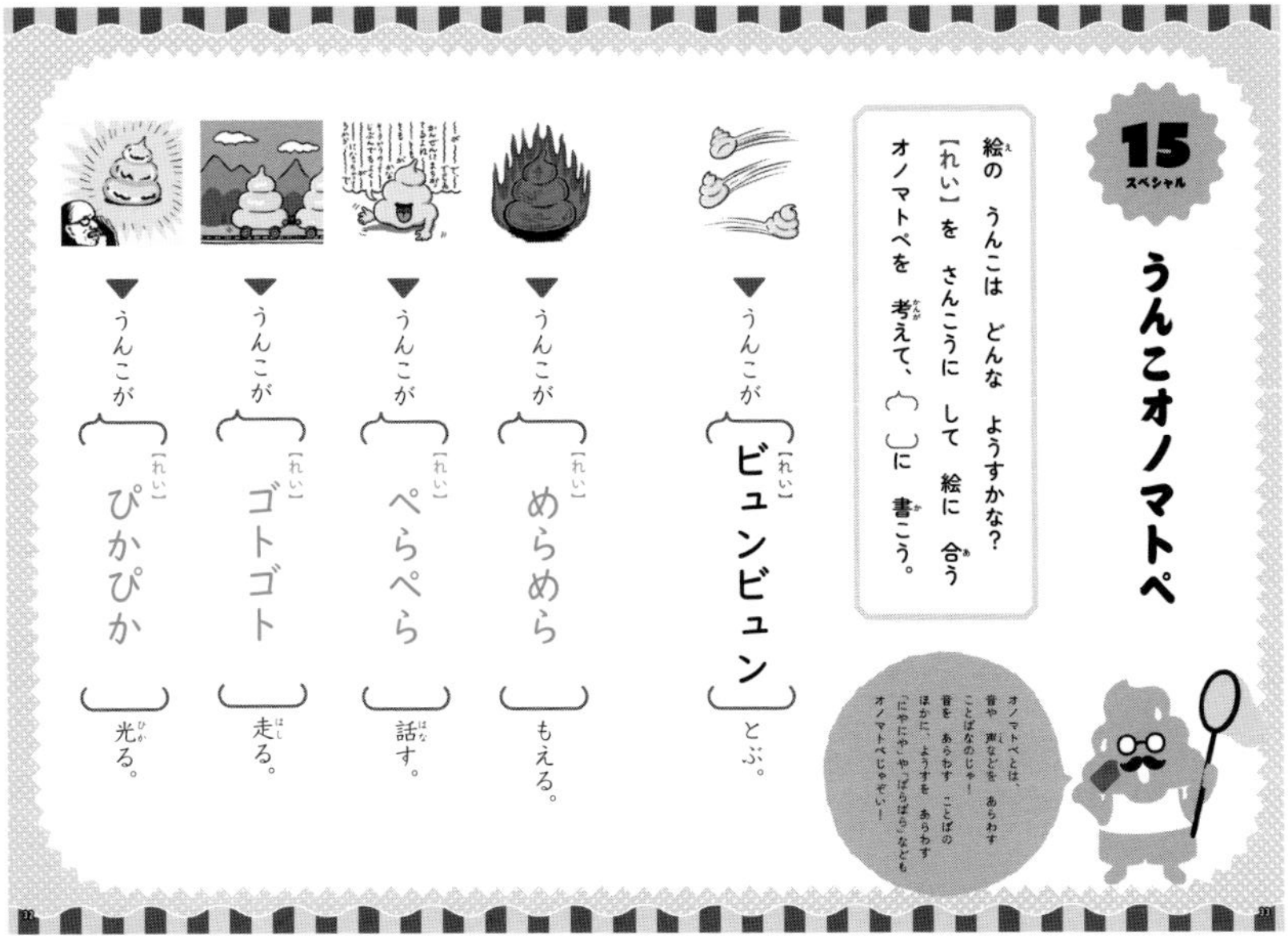

15 スペシャル

うんこオノマトペ

絵《え》の　うんこは　どんな　ようすかな？　【れい】を　さんこうに　して　絵に　合《あ》う　オノマトペを　考《かん》えて、〔　〕に　書《か》こう。

▼うんこが〔【れい】ビュンビュン〕とぶ。
▼うんこが〔めらめら〕もえる。
▼うんこが〔ぺらぺら〕話《はな》す。
▼うんこが〔ゴトゴト〕走《はし》る。
▼うんこが〔ぴかぴか〕光《ひか》る。

15
絵を見ながら、どんな様子かを表すためのオノマトペを考えてみましょう。オノマトペに正解はないので、いろいろ考えられるでしょう。例のほかには、次のようなものが考えられます。

もえる…ボーボー、パチパチ
話す　…べらべら、ぺちゃくちゃ
走る　…ガタンガタン、ガタゴト
光る　…きらきら、ぴかっ（と）　など

30・31 ページ

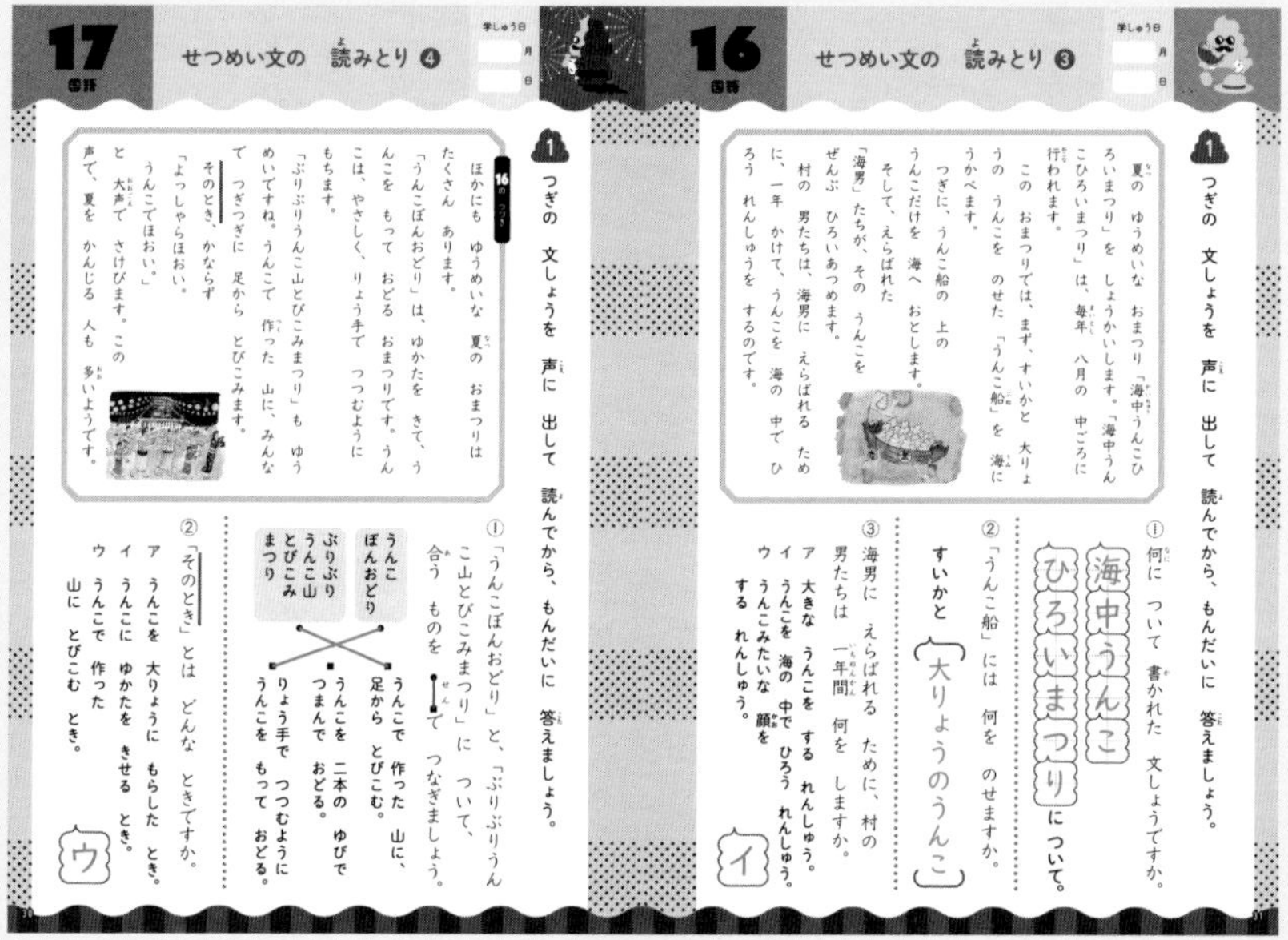

16 国語 せつめい文の 読《よ》みとり ❸

学しゅう日 月 日

1 つぎの 文しょうを 声《こえ》に 出して 読《よ》んでから、もんだいに 答《こた》えましょう。

夏《なつ》の ゆうめいな おまつり「海中《かいちゅう》うんこひろいまつり」を しょうかいします。「海中うんこひろいまつり」は、毎年《まいとし》 八月の 中ごろに 行《おこな》われます。

この おまつりでは、まず、すいかと 大りょうの うんこを のせた「うんこ船《ぶね》」を 海《うみ》に うかべます。

つぎに、うんこ船の 上の うんこだけを 海へ おとします。

そして、えらばれた「海男」たちが、その うんこを ぜんぶ ひろいあつめます。

村の 男たちは、海男に えらばれる ために、一年 かけて、うんこを 海の 中で ひろう れんしゅうを するのです。

① 何《なに》に ついて 書《か》かれた 文しょうですか。

海中うんこ ひろいまつり について。

② 「うんこ船」には 何を のせますか。

すいかと 〔大りょうのうんこ〕

③ 海男に えらばれる ために、村の 男たちは 一年間《いちねんかん》 何を しますか。

ア 大きな うんこを する れんしゅう。
イ うんこを 海の 中で ひろう れんしゅう。
ウ うんこみたいな 顔《かお》を する れんしゅう。

イ

17 国語 せつめい文の 読《よ》みとり ❹

学しゅう日 月 日

1 つぎの 文しょうを 声《こえ》に 出して 読《よ》んでから、もんだいに 答《こた》えましょう。

16の つづき

ほかにも ゆうめいな 夏《なつ》の おまつりは たくさん あります。

「うんこぼんおどり」は、ゆかたを きて、うんこを もって おどる おまつりです。うんこは、やさしく、りょう手で つつむように もちます。

「ぶりぶりうんこ山とびこみまつり」も ゆうめいですね。うんこで 作《つく》った 山に、みんなで つぎつぎに 足から とびこみます。

そのとき、かならず
「よっしゃらほおい。
うんこでほおい。」
と 大声《おおごえ》で さけびます。この 声で、夏を かんじる 人も 多《おお》いようです。

① 「うんこぼんおどり」と、「ぶりぶりうんこ山とびこみまつり」に ついて、合《あ》う ものを ●―● 線《せん》で つなぎましょう。

うんこ ぼんおどり	・うんこで 作った 山に、足から とびこむ。
ぶりぶり うんこ山 とびこみ まつり	・うんこを 二本の ゆびで つまんで おどる。
	・りょう手で つつむように うんこを もって おどる。

② 「そのとき」とは どんな ときですか。

ア うんこを 大りょうに もらした とき。
イ うんこに ゆかたを きせる とき。
ウ うんこで 作った 山に とびこむ とき。

ウ

16 ① はじめの文に注目し、以降がその説明であることを理解できているかが問われています。② 「海中うんこひろいまつり」がどのようなものかを読み取る問題です。順を追って、丁寧に文章を読ませてください。「うんこ」だけでも正解です。

17 ① 「うんこぼんおどり」と「ぶりぶりうんこ山とびこみまつり」についての説明を読み取ります。線で結ぶ解答形式であることにも注意させてください。② 「その」が直前の文を指すことを理解させましょう。

28・29 ページ

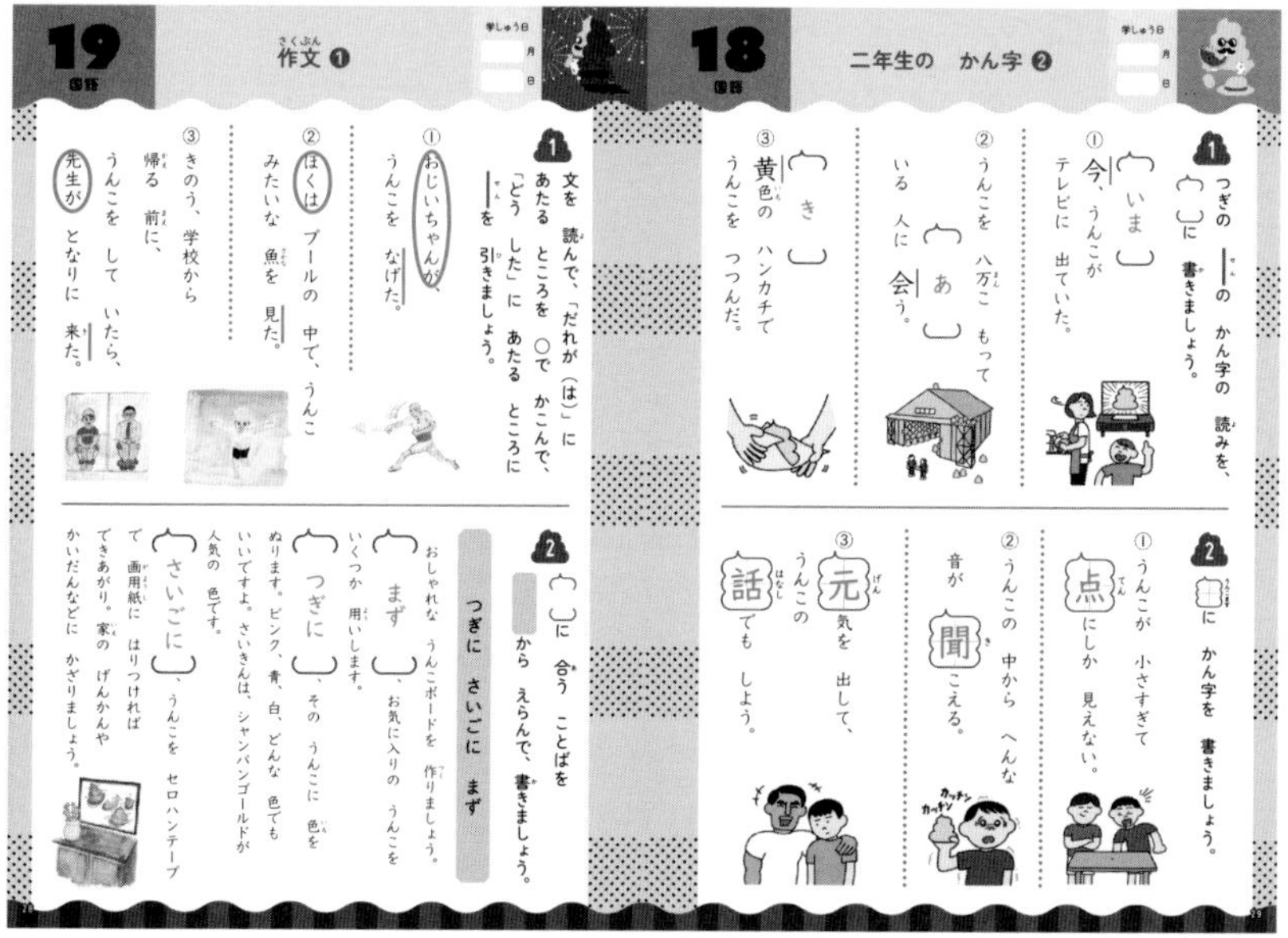

18 国語 二年生の かん字 ❷

学しゅう日 月 日

1 つぎの ―の かん字の 読《よ》みを、〔 〕に 書きましょう。

① 〔いま〕 今、うんこが テレビに 出ていた。

② うんこを 八万こ もって いる 人に 〔あ〕 会う。

③ 〔き〕 黄色《いろ》の ハンカチで うんこを つつんだ。

2 □に かん字を 書きましょう。

① うんこが 小さすぎて 〔点《てん》〕にしか 見えない。

② うんこの 中から へんな 音が 〔聞《き》〕こえる。

③ 〔元《げん》〕気を 出して、うんこの 〔話《はなし》〕でも しよう。

19 国語 作文《さくぶん》 ❶

学しゅう日 月 日

1 文を 読《よ》んで、「だれが（は）」に あたる ところを ○で かこんで、「どう した」に あたる ところに ―を 引きましょう。

① (おじいちゃんが)、うんこを なげた。

② (ぼくは) プールの 中で、うんこ みたいな 魚《さかな》を 見た。

③ きのう、学校から 帰《かえ》る 前《まえ》に、うんこを して いたら、(先生が) となりに 来た。

2 〔 〕に 合《あ》う ことばを □から えらんで、書《か》きましょう。

つぎに　さいごに　まず

おしゃれな うんこボードを 作《つく》りましょう。
〔まず〕、お気に入りの うんこを いくつか 用《よう》いします。
〔つぎに〕、その うんこに 色《いろ》を ぬります。ピンク、青、白、どんな 色でも いいですよ。さいきんは、シャンパンゴールドが 人気の 色です。
〔さいごに〕、うんこを セロハンテープで 画用紙《がようし》に はりつければ できあがり。家の げんかんや かいだんなどに かざりましょう。

18 二年生で習う漢字の読み書き問題です。

1 ① 「今」と② 「会」は字の形が似ています。漢字をよく見て、まちがえないようにしましょう。

2 ③ 「話」は左側が同じ「読」「語」などと混同して書いてしまうまちがいがあります。意識して書き分けられているかを確認しましょう。

19 1 主語（「誰が」）＋述語（「どうした」）の基本文型の学習です。作文には主語と述語があることを理解させ、「なにを」や「どこで」などの修飾語に惑わされないように注意しましょう。

2 順序を表す言葉を問う問題です。説明文を書くときには、説明の順序を意識することが大切です。

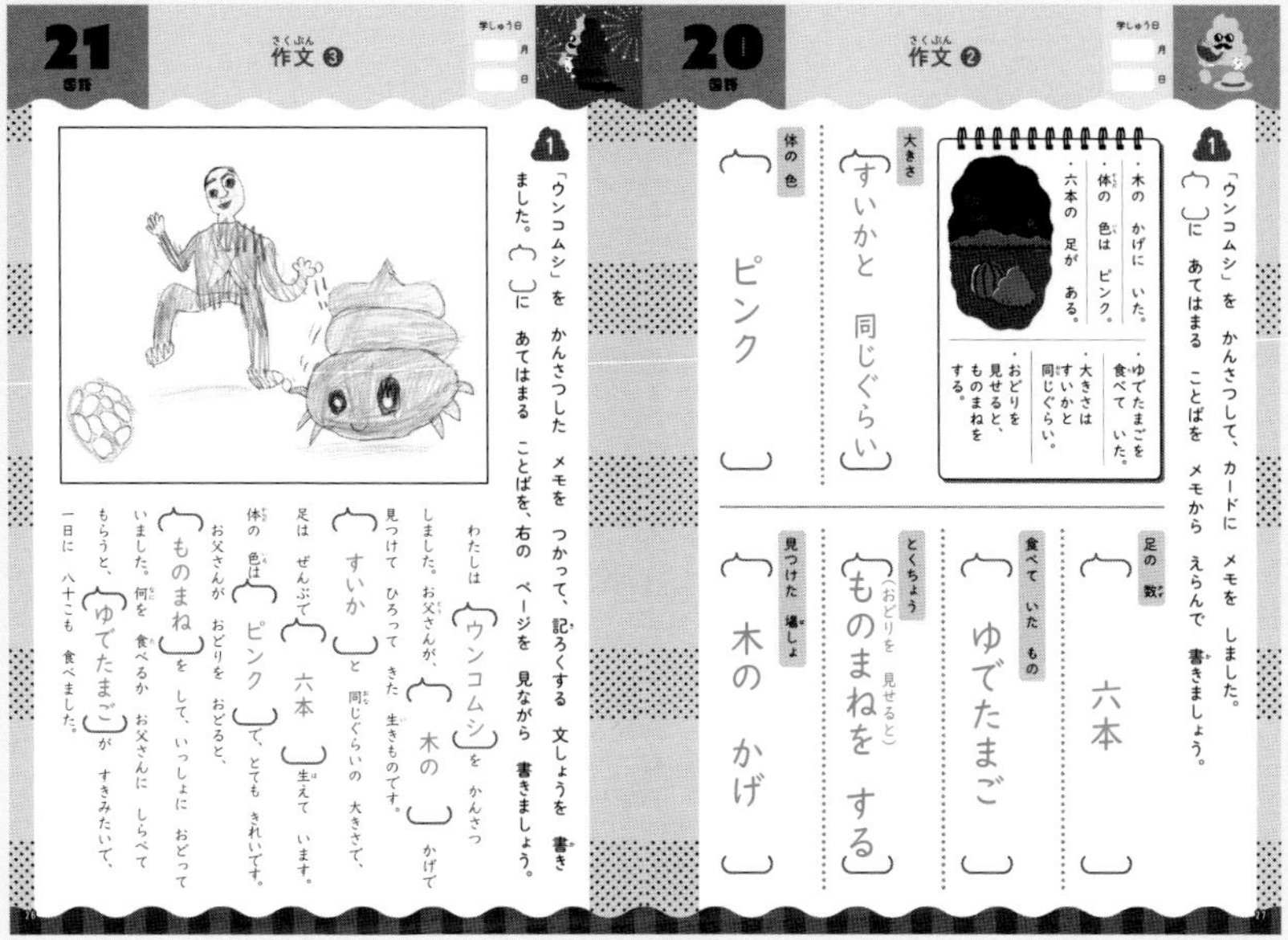

20 国語

作文《さくぶん》 ❷

学しゅう日　月　日

1 「ウンコムシ」を　かんさつして、カードに　メモを　しました。（　）に　あてはまる　ことばを　メモから　えらんで　書《か》きましょう。

・木の　かげに　いた。
・体《からだ》の　色《いろ》は　ピンク。
・六本の　足が　ある。
・ゆでたまごを　食べて　いた。
・大きさは　すいかと　同《おな》じぐらい。
・おどりを　見せると、ものまねを　する。

大きさ（すいかと　同じぐらい）

体の　色（ピンク）

足の　数《かず》（六本）

食べて　いた　もの（ゆでたまご）

とくちょう（（おどりを　見せると）ものまねを　する）

見つけた　場《ば》しょ（木の　かげ）

21 国語

作文《さくぶん》 ❸

学しゅう日　月　日

1 「ウンコムシ」を　かんさつした　メモを　つかって、記《き》ろくする　文しょうを　書《か》きました。（　）に　あてはまる　ことばを、右の　ページを　見ながら　書きましょう。

わたしは（ウンコムシ）を　かんさつしました。お父《とう》さんが、（木の）かげで見つけて　ひろって　きた　生《い》きものです。（すいか）と　同《おな》じぐらいの　大きさで、足は　ぜんぶで（六本）生《は》えて　います。体《からだ》の　色《いろ》は（ピンク）で、とても　きれいです。お父さんが　おどりを　おどると、（ものまね）を　して、いっしょに　おどっていました。何《なに》を　食《た》べるか　お父さんに　しらべてもらうと、（ゆでたまご）が　すきみたいで、一日に　八十こも　食べました。

20 ❶ 観察文を書く準備の仕方を学びます。観察文を書くには、まず対象物を詳しく観察し、書くことに必要な事柄を集めることが大切だということを理解させましょう。対象物を観察する際は、色・形・数・大きさ・手触りなど五感を使って確かめるとよいことも伝えてあげましょう。

21 ❶ 20の観察カードをもとにして、文章を完成させる問題です。文章を書くときは、知らせたいことがよく伝わるように、書き方を工夫することが大切です。文のはじめに、何について書くかをはっきり示していること、観察して気づいたことが順序良く書かれていることに注目させ、実際に観察文を書く際に生かすよう導きましょう。

うんこ学園
UNKO GAKUEN

おまけ

ドリルを　さいごまで
やれて　すごいのう！

すてきな　夏休《なつやす》みを
すごせた　ようじゃな！

この　あとも
すてきな　夏を
すごして　くれい！

UNKO DRILL FOR THE SUMMER

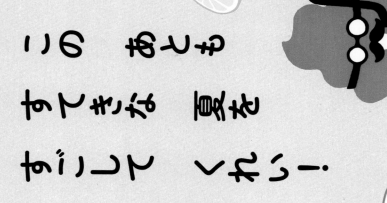

算数のうんこ問題作りのページです。４つの絵を見ながらひき算にできる場面を思いうかべ，うんこ問題を作ります。なかなか作れない場合は，それぞれどんな場面なのかを声に出して確認させましょう。そして，「21−13」になる問題が作れないかどうかを考えさせるとよいでしょう。

漢字のうんこ例文作りのページです。うんこ例文ができたら，漢字を正しく使えているかどうかを確認しましょう。指定の漢字を使って楽しい例文を作れていたら，たくさんほめてあげましょう。

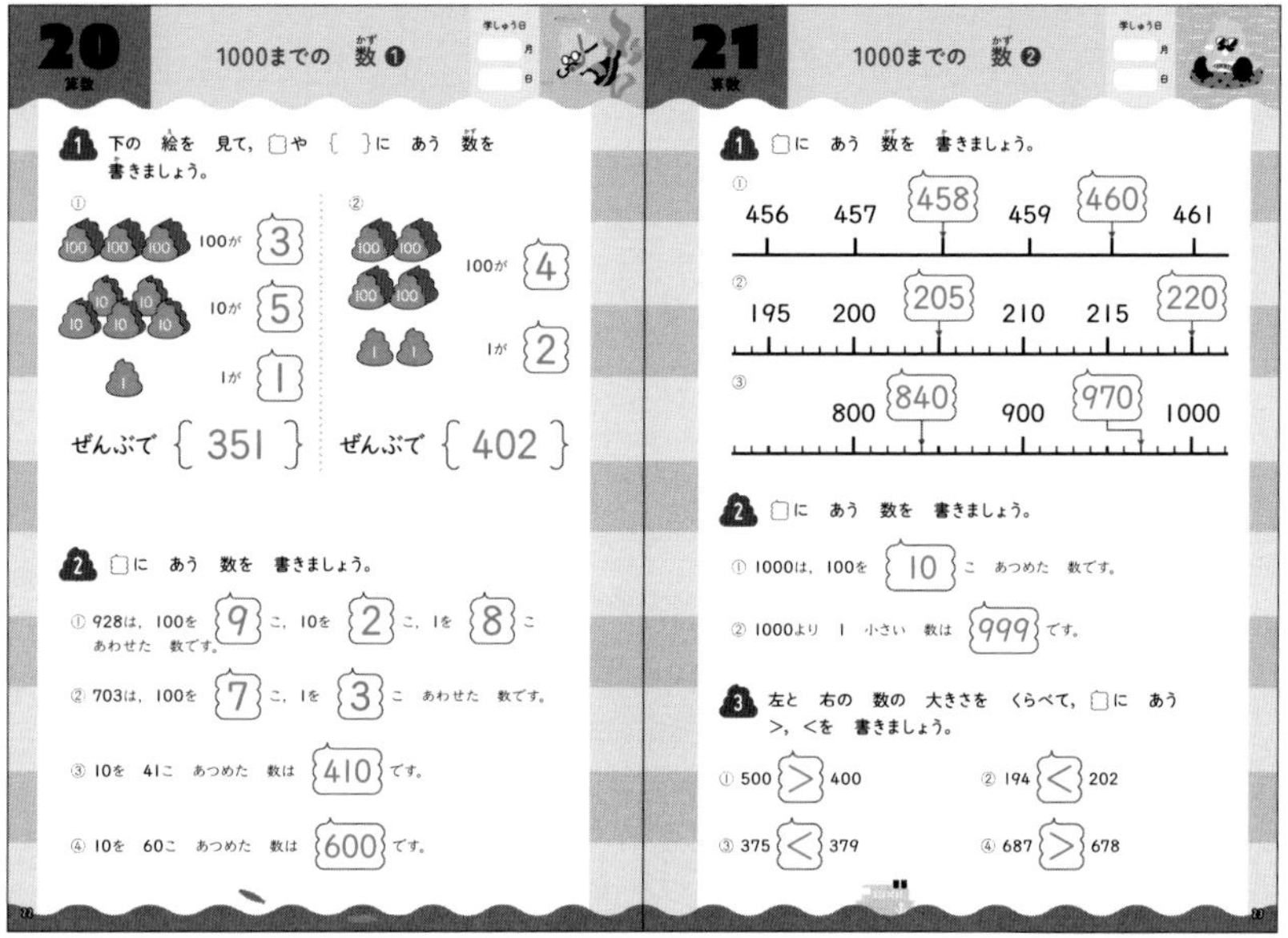

20 算数

1000までの 数《かず》 ❶

学しゅう日 月 日

1 下の 絵を 見て，□や ｛ ｝に あう 数《かず》を 書きましょう。

① 100が 3　10が 5　1が 1　ぜんぶで ｛351｝

② 100が 4　1が 2　ぜんぶで ｛402｝

2 □に あう 数を 書きましょう。

① 928は，100を 9 こ，10を 2 こ，1を 8 こ あわせた 数です。

② 703は，100を 7 こ，1を 3 こ あわせた 数です。

③ 10を 41こ あつめた 数は 410 です。

④ 10を 60こ あつめた 数は 600 です。

21 算数

1000までの 数《かず》 ❷

学しゅう日 月 日

1 □に あう 数《かず》を 書きましょう。

① 456　457　458　459　460　461

② 195　200　205　210　215　220

③ 800　840　900　970　1000

2 □に あう 数を 書きましょう。

① 1000は，100を 10 こ あつめた 数です。

② 1000より 1 小さい 数は 999 です。

3 左と 右の 数の 大きさを くらべて，□に あう >，<を 書きましょう。

① 500 > 400　② 194 < 202

③ 375 < 379　④ 687 > 678

20 1 ② 数の構成を理解する上で，位の数字を確認することが必要です。この場合は十の位が空位（0）となることを，うんこの図を見てしっかり確認させましょう。

2 ③ 10を41こあつめた数なので，10の束が41こ集まっている場面を思い浮かべて，410を導き出すようにしましょう。

---

21 1 数直線の１目盛りがいくつ分なのかを，隣り合う数をもとにつかみましょう。１目盛りの数がわかると，空欄の数を求めやすくなります。

2 1000の数の性質を確かめます。３けたの数と同様に，1000の数の構成をしっかりとつかみましょう。

3 数の大小を考えるときには，上の位から比較します。 この問題では，最初に百の位に着目し，同じだったときは次に十の位に着目することをおさえましょう。

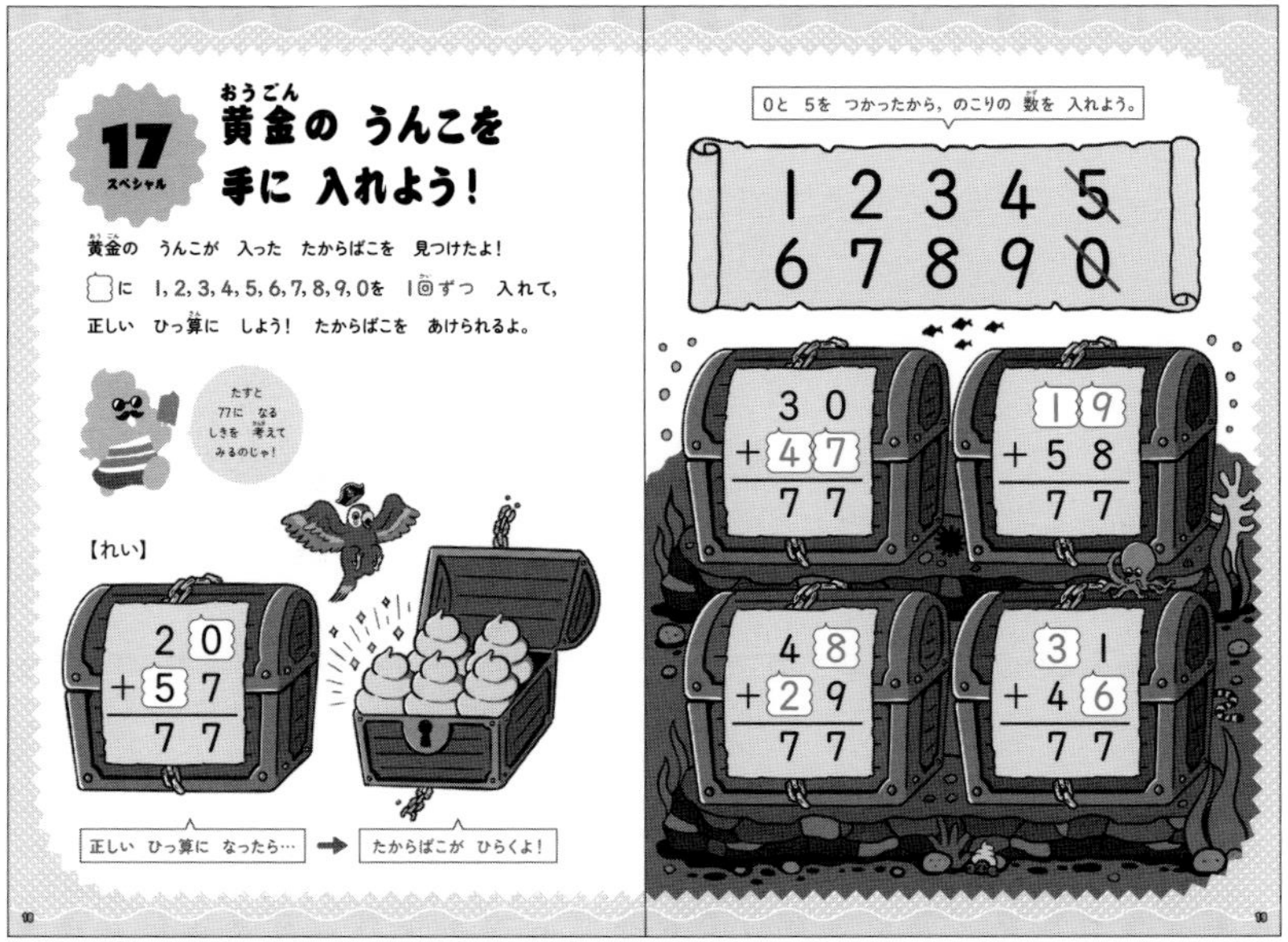

17 スペシャル
黄金《おうごん》の うんこを 手に 入れよう！
黄金の うんこが 入った たからばこを 見つけたよ！
□に 1, 2, 3, 4, 5, 6, 7, 8, 9, 0を 1回ずつ 入れて、正しい ひっ算に しよう！ たからばこを あけられるよ。
たすと 77に なる しきを 考えて みるのじゃ！
【れい】
20 +57 77
正しい ひっ算に なったら… たからばこが ひらくよ！
0と 5を つかったから、のこりの 数を 入れよう。
1 2 3 4 5
6 7 8 9 0
30 +47 77
19 +58 77
48 +29 77
31 +46 77

17 数字の穴埋めをして，筆算を完成させる虫食い問題です。 まずは30にいくつをたすと77になるかを考えてみるとよいでしょう。 下段の筆算はたす数とたされる数それぞれに空欄があり，難しいです。0～9の数字は1回ずつしか使えないので，すでに使った数字を消していくと候補が絞られ，考えやすくなるでしょう。

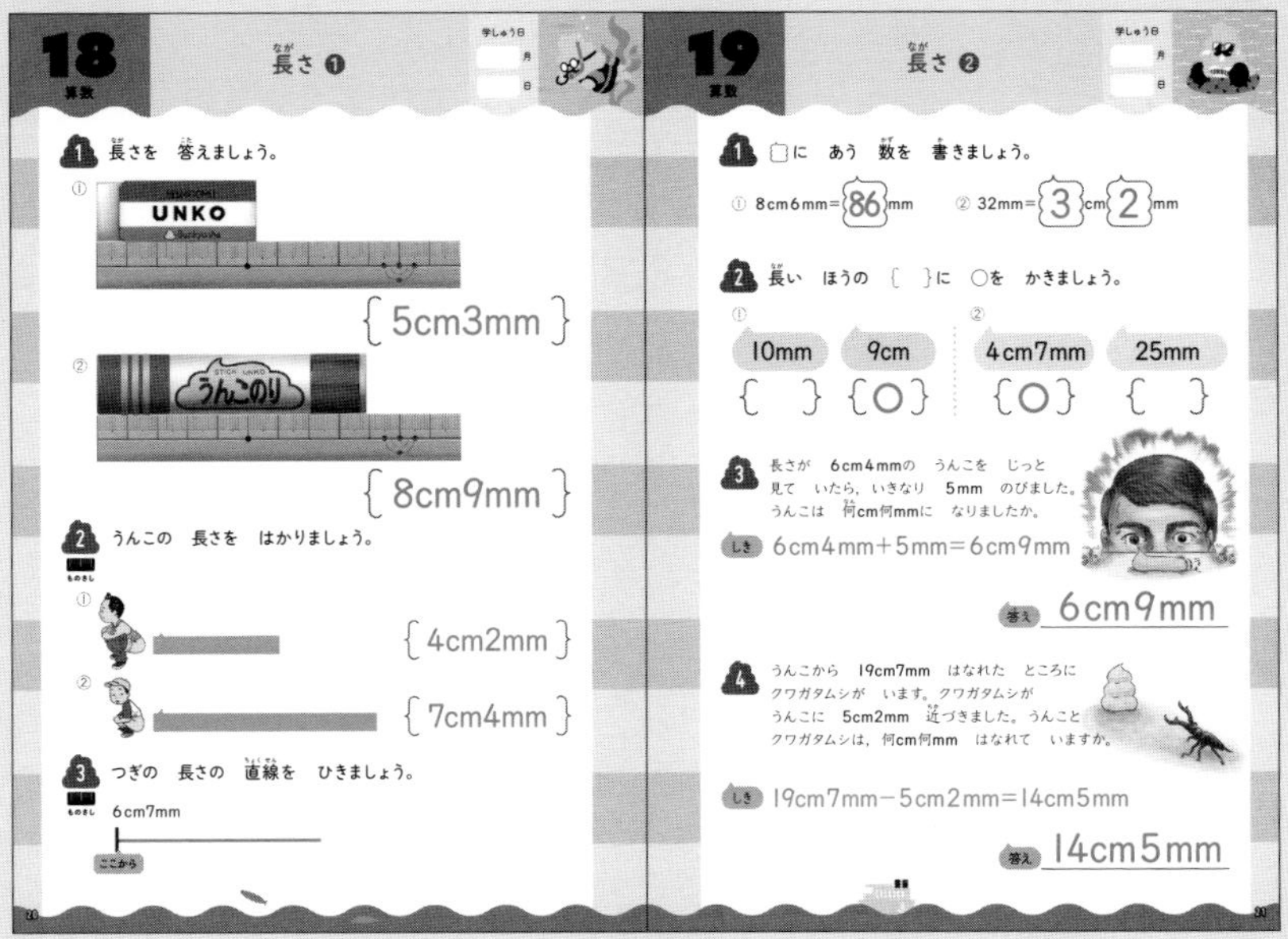

18 算数 長さ ①
1 長さを 答えましょう。
① UNKO {5cm3mm}
② うんこのり {8cm9mm}
2 うんこの 長さを はかりましょう。
① {4cm2mm}
② {7cm4mm}
3 つぎの 長さの 直線を ひきましょう。
6cm7mm
ここから
19 算数 長さ ②
1 □に あう 数を 書きましょう。
① 8cm6mm=86mm ② 32mm=3cm2mm
2 長い ほうの { }に ○を かきましょう。
① 10mm 9cm {○} ② 4cm7mm {○} 25mm
3 長さが 6cm4mmの うんこを じっと 見て いたら、いきなり 5mm のびました。うんこは 何cm何mmに なりましたか。
しき 6cm4mm+5mm=6cm9mm
答え 6cm9mm
4 うんこから 19cm7mm はなれた ところに クワガタムシが います。クワガタムシが うんこに 5cm2mm 近づきました。うんこと クワガタムシは、何cm何mm はなれて いますか。
しき 19cm7mm−5cm2mm=14cm5mm
答え 14cm5mm

18 1 初めて長さの単位に触れることになります。「センチメートル(cm)」「ミリメートル(mm)」を適切に用いることができるようにさせましょう。長さをものさしで測るときには，左端から目盛りを数えなくても，5cmや10cmのところにある印を目安にしても測れることに気づかせましょう。

3 正しい長さの直線が引けているか，ものさしで測って確認してあげましょう。

---

19 2 単位を揃えることで，長さを比べやすくなります。 cmに揃えられない場合は, mmに揃えて考えるようにするとよいでしょう。 単位を揃えるという考え方は,長さに限らず,学年が上がっても非常に大切なものとなります。

3 4 同じ単位どうしを計算するよう，注意させましょう。

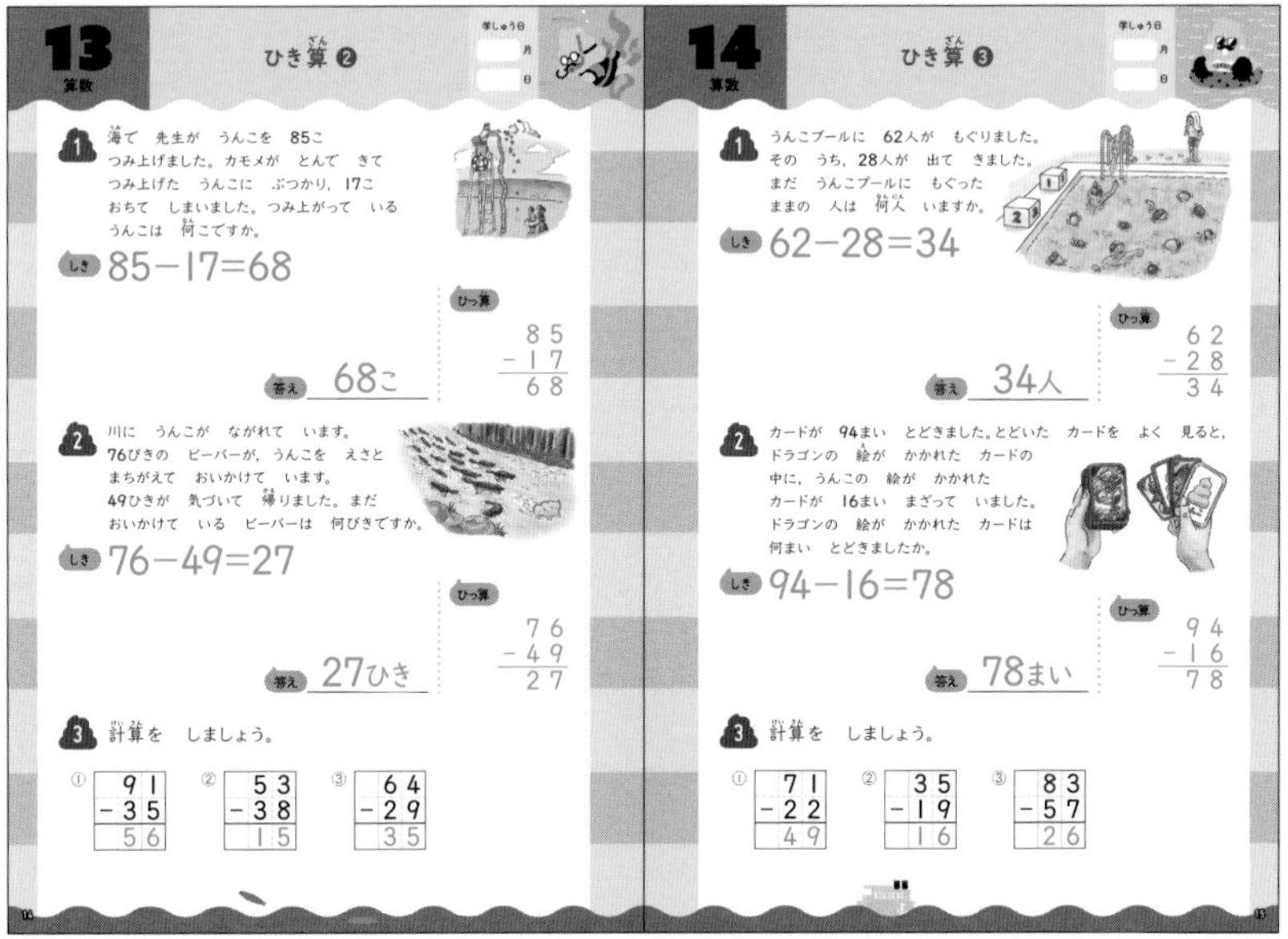
13 算数

ひき算《さん》❷

学しゅう日　月　日

1 海《うみ》で　先生が　うんこを　85こ　つみ上げました。カモメが　とんで　きて　つみ上げた　うんこに　ぶつかり，17こ　おちて　しまいました。つみ上がって　いる　うんこは　何《なん》こですか。

しき　85−17=68

ひっ算
85
−17
68

答え　68こ

2 川に　うんこが　ながれて　います。76ぴきの　ビーバーが，うんこを　えさと　まちがえて　おいかけて　います。49ひきが　気づいて　帰《かえ》りました。まだ　おいかけて　いる　ビーバーは　何びきですか。

しき　76−49=27

ひっ算
76
−49
27

答え　27ひき

3 計算《けいさん》を　しましょう。

① 91 − 35 = 56　② 53 − 38 = 15　③ 64 − 29 = 35

14 算数

ひき算《さん》❸

学しゅう日　月　日

1 うんこプールに　62人が　もぐりました。その　うち，28人が　出て　きました。まだ　うんこプールに　もぐった　ままの　人は　何人《なんにん》　いますか。

しき　62−28=34

ひっ算
62
−28
34

答え　34人

2 カードが　94まい　とどきました。とどいた　カードを　よく　見ると，ドラゴンの　絵《え》が　かかれた　カードの　中に，うんこの　絵が　かかれた　カードが　16まい　まざって　いました。ドラゴンの　絵が　かかれた　カードは　何まい　とどきましたか。

しき　94−16=78

ひっ算
94
−16
78

答え　78まい

3 計算を　しましょう。

① 71 − 22 = 49　② 35 − 19 = 16　③ 83 − 57 = 26

13・14 繰り下がりのあるひき算の筆算です。筆算に起こした後，一の位の数を確認すると，繰り下がりがあるかどうかを捉えることができます。繰り下がりがあるときは，より注意深く計算させましょう。

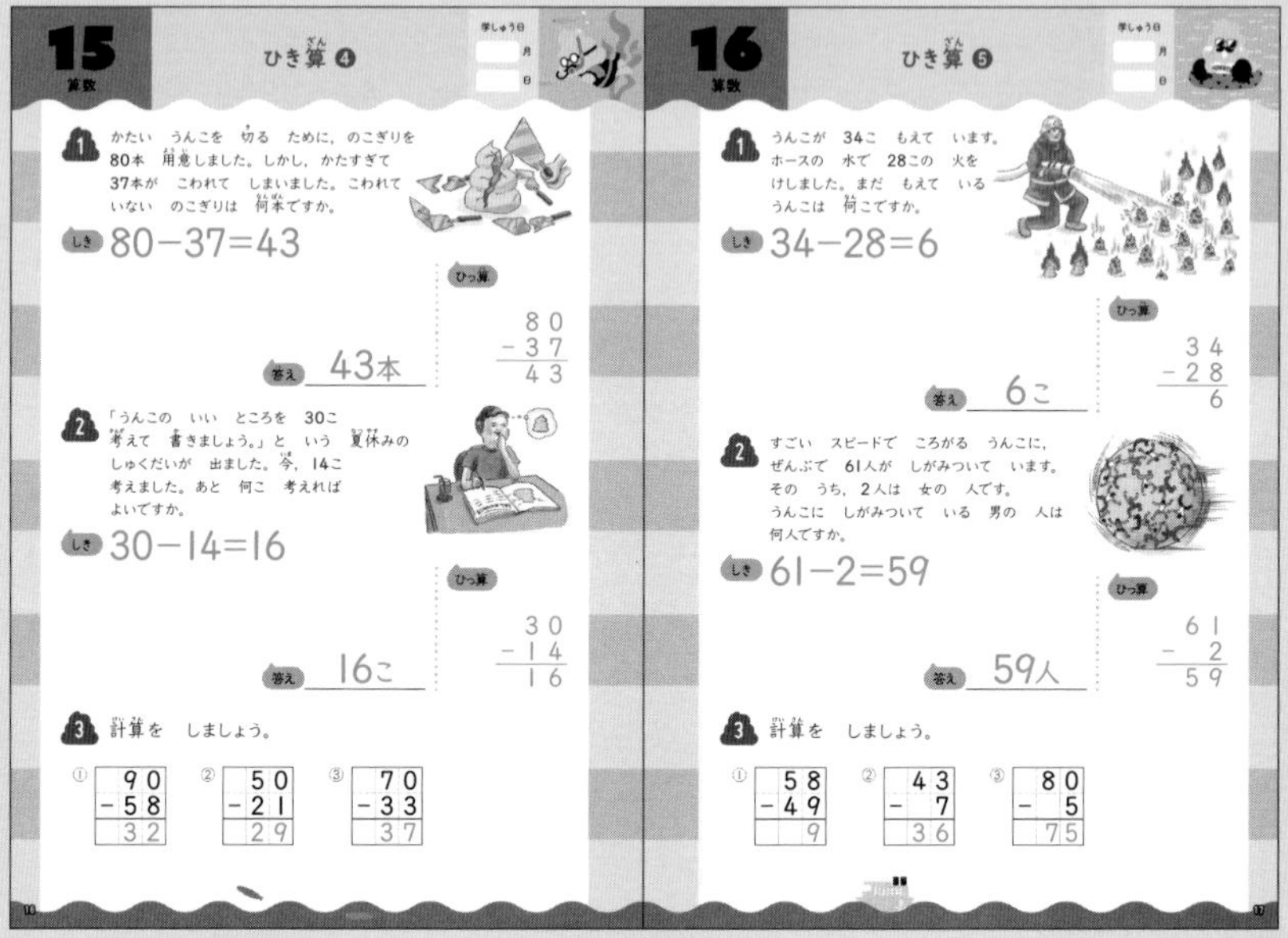
15 算数

ひき算《さん》❹

学しゅう日　月　日

1 かたい　うんこを　切《き》る　ために，のこぎりを　80本　用意《ようい》しました。しかし，かたすぎて　37本が　こわれて　しまいました。こわれて　いない　のこぎりは　何本《なんぼん》ですか。

しき　80−37=43

ひっ算
80
−37
43

答え　43本

2 「うんこの　いい　ところを　30こ　考《かんが》えて　書《か》きましょう。」と　いう　夏休《なつやす》みの　しゅくだいが　出ました。今《いま》，14こ　考えました。あと　何こ　考えれば　よいですか。

しき　30−14=16

ひっ算
30
−14
16

答え　16こ

3 計算を　しましょう。

① 90 − 58 = 32　② 50 − 21 = 29　③ 70 − 33 = 37

16 算数

ひき算《さん》❺

学しゅう日　月　日

1 うんこが　34こ　もえて　います。ホースの　水で　28この　火を　けしました。まだ　もえて　いる　うんこは　何こですか。

しき　34−28=6

ひっ算
34
−28
6

答え　6こ

2 すごい　スピードで　ころがる　うんこに，ぜんぶて　61人が　しがみついて　います。その　うち，2人は　女の　人です。うんこに　しがみついて　いる　男の　人は　何人ですか。

しき　61−2=59

ひっ算
61
−2
59

答え　59人

3 計算を　しましょう。

① 58 − 49 = 9　② 43 − 7 = 36　③ 80 − 5 = 75

15 ひかれる数の一の位が「０」のひき算では，一の位の計算でひく数の一の位の数をそのまま書いてしまったり，十の位の計算で繰り下がりを忘れやすくなったりするなど，非常に間違いが多くなります。検算（答えが合っているか確かめる計算）でも一の位が０になるたし算は間違えやすいので，より丁寧に計算するよう促しましょう。

---

16 1 差（答え）が１桁になるひき算は，答えの十の位を書く必要がありませんが，繰り下がりがあったことを忘れて「１」と書いてしまいやすい計算なので，検算をさせるようにしましょう。 2 ２桁−１桁の数のひき算では，たし算同様，筆算で位を揃えることを間違えやすいので，注意させましょう。

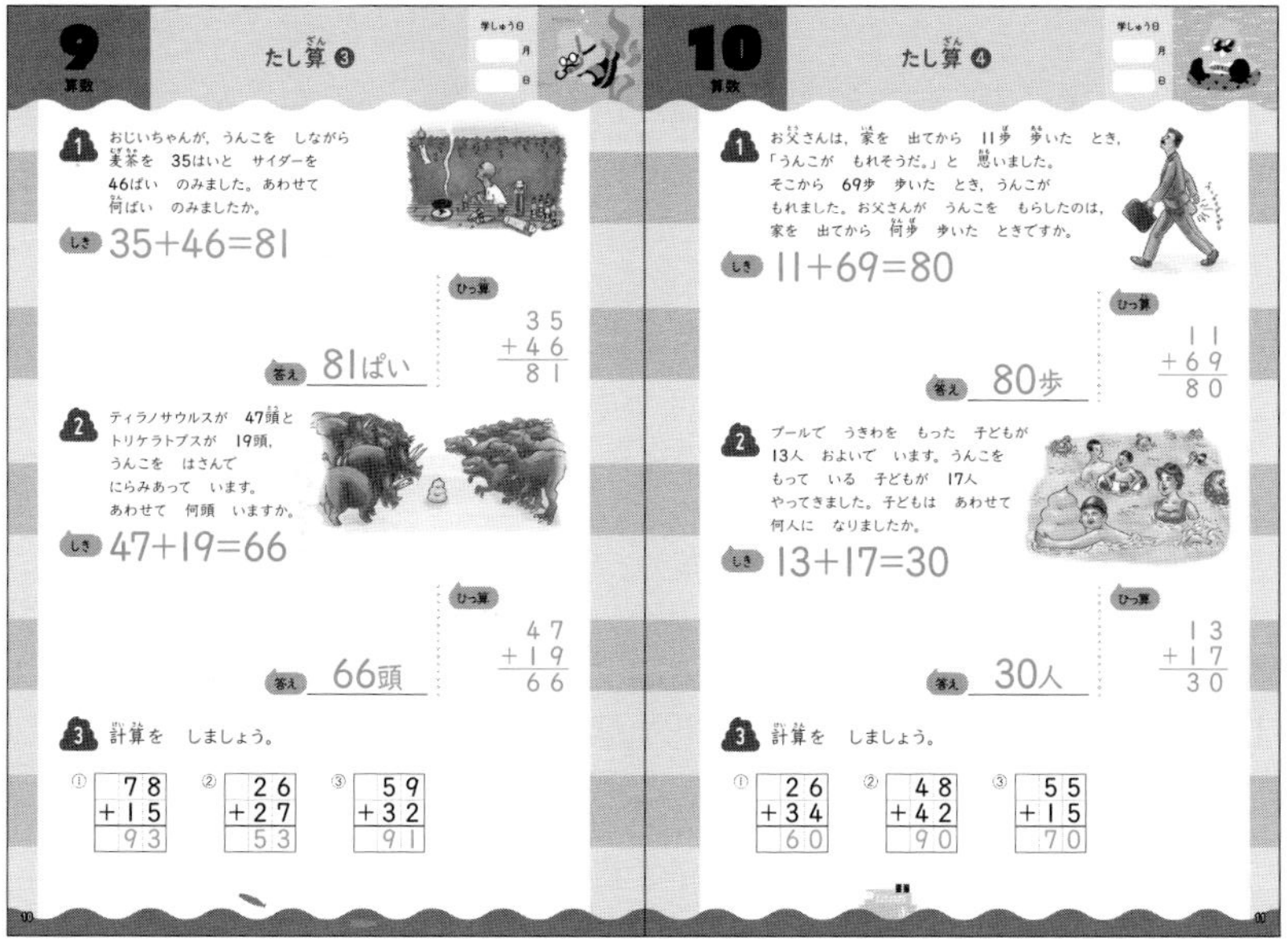

9 算数 たし算《ざん》 ❸ 学しゅう日 月 日

1 おじいちゃんが，うんこを しながら 麦茶《むぎちゃ》を 35はいと サイダーを 46ぱい のみました。あわせて 何《なん》ばい のみましたか。

しき 35+46=81

ひっ算 35 ＋46 81

答え 81ぱい

2 ティラノサウルスが 47頭《とう》と トリケラトプスが 19頭，うんこを はさんで にらみあって います。あわせて 何頭 いますか。

しき 47+19=66

ひっ算 47 ＋19 66

答え 66頭

3 計算を しましょう。

① 78 ＋15 93　② 26 ＋27 53　③ 59 ＋32 91

10 算数 たし算《ざん》 ❹ 学しゅう日 月 日

1 お父《とう》さんは，家《いえ》を 出てから 11歩《ぽ》 歩《ある》いた とき，「うんこが もれそうだ。」と 思《おも》いました。そこから 69歩 歩いた とき，うんこが もれました。お父さんが うんこを もらしたのは，家を 出てから 何歩《なんぽ》 歩いた ときですか。

しき 11+69=80

ひっ算 11 ＋69 80

答え 80歩

2 プールで うきわを もった 子どもが 13人 およいで います。うんこを もって いる 子どもが 17人 やってきました。子どもは あわせて 何人に なりましたか。

しき 13+17=30

ひっ算 13 ＋17 30

答え 30人

3 計算を しましょう。

① 26 ＋34 60　② 48 ＋42 90　③ 55 ＋15 70

9 繰り上がりのあるたし算の筆算です。 繰り上がるときは，繰り上げた数をメモとして書いておくことで，たし忘れを防ぐことができます。 計算に慣れてきても，筆算で計算することを省略してしまわず，丁寧に取り組むよう促しましょう。

---

10 答えの一の位が「０」になるたし算では，繰り上がりを忘れたり，「０」を書くことを忘れたりしやすいので，注意が必要です。 筆算で計算して答えを出すだけでなく，式と答えを書く際に，正しい内容になっているかを確認する習慣をつけさせましょう。

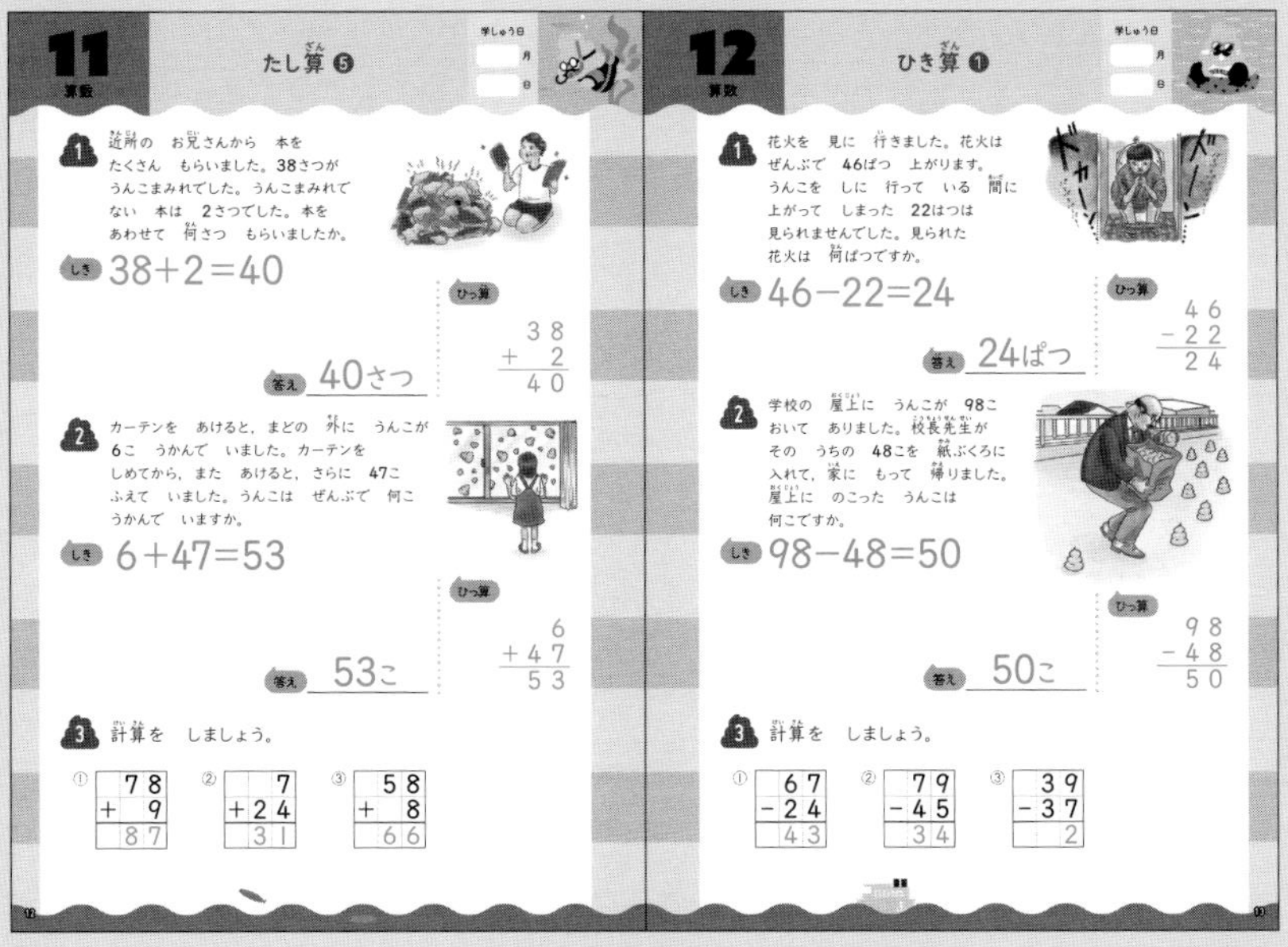

11 算数 たし算《ざん》 ❺ 学しゅう日 月 日

1 近所《きんじょ》の お兄《にい》さんから 本を たくさん もらいました。38さつが うんこまみれでした。うんこまみれでない 本は 2さつでした。本を あわせて 何《なん》さつ もらいましたか。

しき 38+2=40

ひっ算 38 ＋ 2 40

答え 40さつ

2 カーテンを あけると，まどの 外《そと》に うんこが 6こ うかんで いました。カーテンを しめてから，また あけると，さらに 47こ ふえて いました。うんこは ぜんぶで 何こ うかんで いますか。

しき 6+47=53

ひっ算 6 ＋47 53

答え 53こ

3 計算を しましょう。

① 78 ＋ 9 87　② 7 ＋24 31　③ 58 ＋ 8 66

12 算数 ひき算《ざん》 ❶ 学しゅう日 月 日

1 花火を 見に 行《い》きました。花火は ぜんぶで 46ぱつ 上がります。うんこを しに 行って いる 間《あいだ》に 上がって しまった 22はつは 見られませんでした。見られた 花火は 何《なん》ぱつですか。

しき 46−22=24

ひっ算 46 −22 24

答え 24ぱつ

2 学校の 屋上《おくじょう》に うんこが 98こ おいて ありました。校長先生《こうちょうせんせい》が その うちの 48こを 紙《かみ》ぶくろに 入れて，家《いえ》に もって 帰《かえ》りました。屋上《おくじょう》に のこった うんこは 何こですか。

しき 98−48=50

ひっ算 98 −48 50

答え 50こ

3 計算を しましょう。

① 67 −24 43　② 79 −45 34　③ 39 −37 2

11 ２桁の数と１桁の数のたし算では，筆算で位を揃えることを非常に間違えやすいので，特に注意させるようにしましょう。１桁の数をたすたし算は，1「３８＋２＝５８」のように誤って異なる位の数をたしてしまっていないかなどに注意し，筆算の後に確認するとよいでしょう。

---

12 繰り下がりのないひき算の計算です。 筆算を行うときは，たし算同様に位を縦に揃えて書き，一の位から計算することを習慣づけさせましょう。またひき算では，「答え+ひく数=ひかれる数」であることを学習しています。計算をした後に,答えが正しいかの確かめをする習慣をつけさせましょう。

6・7 ページ

5 算数

時《じ》こくと　時間《じかん》 ❶

学しゅう日　月　日

1 時《じ》こくは　何時何分《なんじなんぷん》ですか。時計《とけい》を　見て　〔　〕に　書《か》きましょう。絵《え》を　見て，午前《ごぜん》か　午後《ごご》かも　答《こた》えましょう。

① 〔 午前8時10分 〕　② 〔 午後1時50分 〕

③ 〔 午後7時15分 〕　④ 〔 午前4時45分 〕

2 □に　あう　数《かず》を　書きましょう。

① 1時間《じかん》＝60分　② 100分＝1時間40分

6 算数

時《じ》こくと　時間《じかん》 ❷

学しゅう日　月　日

1 おじいちゃんが，「うんこ」と　いう　字を　ていねいに　ゆっくり　書《か》いて　います。午後《ごご》3時《じ》10分《ぷん》から　書きはじめて，書きおわったのは　午後3時40分でした。書いて　いた　時間《じかん》は，何分《なんぷん》ですか。

答え 30分

2 かちかちに　こおった　うんこを，ベランダに　おきました。午前《ごぜん》7時15分《ふん》に　おいて，40分後には　ぜんぶ　とけて　しまいました。ぜんぶ　とけた　時こくは，午前何時何分でしたか。

答え 午前7時55分

3 大きな　うんこの　かたまりが　道《みち》を　ころがって　いました。午前11時40分から，みんなで　力を　あわせて　止《と》めようと　して，ようやく　止まったのは　2時間後でした。うんこの　かたまりが　止まった　時こくは，午後何時何分ですか。

答え 午後1時40分

6　7

5 1 時計とイラストを見ながら考えさせるとよいでしょう。 また，時刻を答えるときは午前と午後を忘れないようにしましょう。 例えば① では，あさがおは朝に咲く花なので午前になることに気づかせましょう。

2 ① 時計の長い針が一回りすると1時間であり，1時間＝60分であることを理解させましょう。 ② 100分を60分と40分に分け，1時間＝60分だから，1時間40分になると考えるとよいでしょう。

6 時刻と時間の違いを理解させましょう。 時刻は「何時何分」のように，瞬間の一点を示すこと，時間は時刻と時刻の間の長さのことだと理解させましょう。 時刻と時間の問題では，午前と午後をまたぐときにつまずいてしまう場合があります。 午前12時（＝正午）を境に午前と午後が切り替わることを認識させましょう。

8・9 ページ

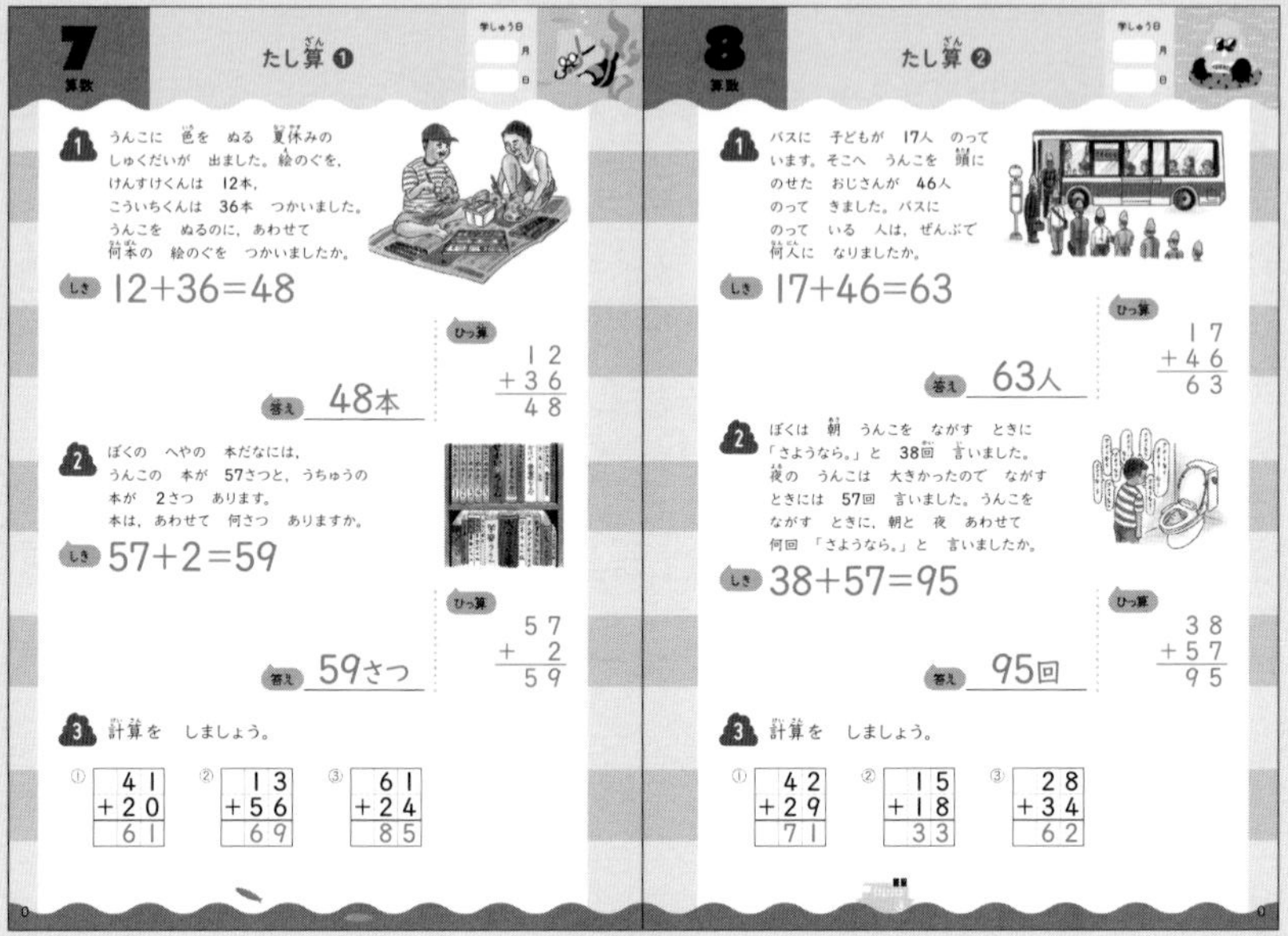
7 算数

たし算《ざん》 ❶

学しゅう日　月　日

1 うんこに　色《いろ》を　ぬる　夏休《なつやす》みの　しゅくだいが　出ました。絵《え》のぐを，けんすけくんは　12本，こういちくんは　36本　つかいました。うんこを　ぬるのに，あわせて　何本《なんぼん》の　絵のぐを　つかいましたか。

しき 12＋36＝48

ひっ算

	1	2
+	3	6
	4	8

答え 48本

2 ぼくの　へやの　本だなには，うんこの　本が　57さつと，うちゅうの　本が　2さつ　あります。本は，あわせて　何さつ　ありますか。

しき 57＋2＝59

ひっ算

	5	7
+		2
	5	9

答え 59さつ

3 計算《けいさん》を　しましょう。

① 41＋20＝61　② 13＋56＝69　③ 61＋24＝85

8 算数

たし算《ざん》 ❷

学しゅう日　月　日

1 バスに　子どもが　17人　のって　います。そこへ　うんこを　頭《あたま》に　のせた　おじさんが　46人　のって　きました。バスに　のって　いる　人は，ぜんぶで　何人《なんにん》に　なりましたか。

しき 17＋46＝63

ひっ算

	1	7
+	4	6
	6	3

答え 63人

2 ぼくは　朝《あさ》　うんこを　ながす　ときに　「さようなら。」と　38回《かい》　言《い》いました。夜《よる》の　うんこは　大きかったので　ながす　ときには　57回　言いました。うんこを　ながす　ときに，朝と　夜　あわせて　何回　「さようなら。」と　言いましたか。

しき 38＋57＝95

ひっ算

	3	8
+	5	7
	9	5

答え 95回

3 計算《けいさん》を　しましょう。

① 42＋29＝71　② 15＋18＝33　③ 28＋34＝62

8　9

7 繰り上がりのないたし算の筆算です。 位を縦に揃えて書くことを意識させましょう。１年生のたし算・ひき算のときと同様に，場面を読み取って，式を立てるようにしましょう。「たされる数」と「たす数」を入れ替えても答えは変わらないという，加法の交換法則を学習していますので，たし算の計算をする際には，計算がしやすいように入れ替えてもよいことに気づかせましょう。

8 繰り上がりのあるたし算の計算です。 筆算では，繰り上げた1のたし忘れがよくあるため，小さく書いておくことを忘れないよう，注意させましょう。

2・3 ページ

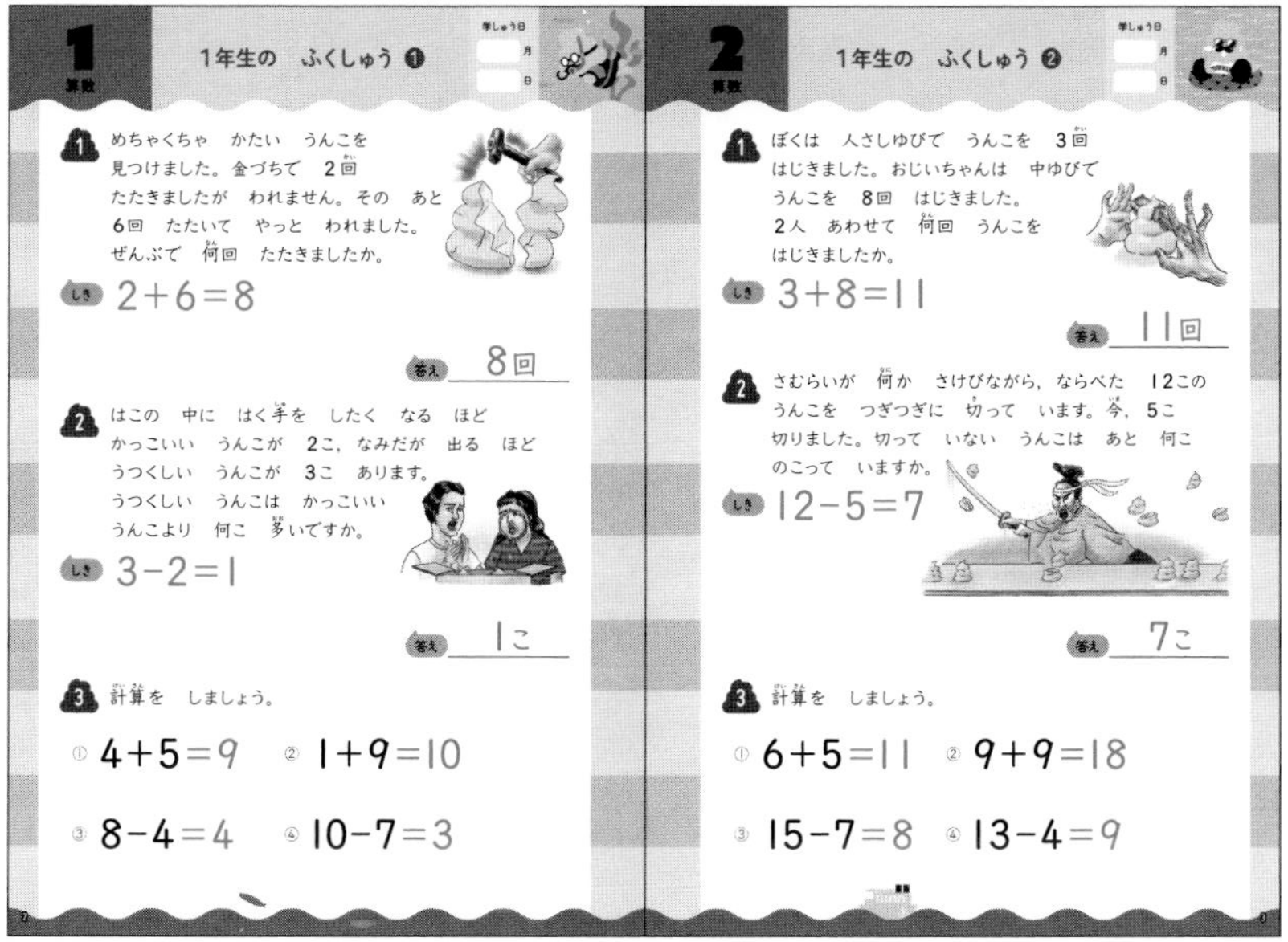
1 算数 1年生の ふくしゅう ❶ 学しゅう日 月 日

1 めちゃくちゃ かたい うんこを 見つけました。金づちで 2回 たたきましたが われません。その あと 6回 たたいて やっと われました。ぜんぶで 何回 たたきましたか。

しき 2+6=8 答え 8回

2 はこの 中に はく手を したく なる ほど かっこいい うんこが 2こ，なみだが 出る ほど うつくしい うんこが 3こ あります。うつくしい うんこは かっこいい うんこより 何こ 多いですか。

しき 3−2=1 答え 1こ

3 計算を しましょう。

① 4+5=9 ② 1+9=10

③ 8−4=4 ④ 10−7=3

2 算数 1年生の ふくしゅう ❷ 学しゅう日 月 日

1 ぼくは 人さしゆびで うんこを 3回 はじきました。おじいちゃんは 中ゆびで うんこを 8回 はじきました。2人 あわせて 何回 うんこを はじきましたか。

しき 3+8=11 答え 11回

2 さむらいが 何か さけびながら，ならべた 12この うんこを つぎつぎに 切って います。今，5こ 切りました。切って いない うんこは あと 何こ のこって いますか。

しき 12−5=7 答え 7こ

3 計算を しましょう。

① 6+5=11 ② 9+9=18

③ 15−7=8 ④ 13−4=9

1 1年生で習ったたし算やひき算の復習です。2年生で学習する2けたの計算では，筆算で同じ位どうしでのたし算やひき算を行い，答えを求めます。1けたの計算は，2けたの計算を正確に行うための土台となりますので，正しい計算ができているかを確認しましょう。

---

2 1年生で習った，繰り上がりのあるたし算や，繰り下がりのあるひき算の復習です。2けたの計算では繰り上がった1を次の位の計算に加えたり，繰り下げた1を除いた数で計算したりと，計算が複雑になります。繰り上がりや繰り下がりの基本を，しっかり身につけているかどうかを確認しましょう。

4・5 ページ

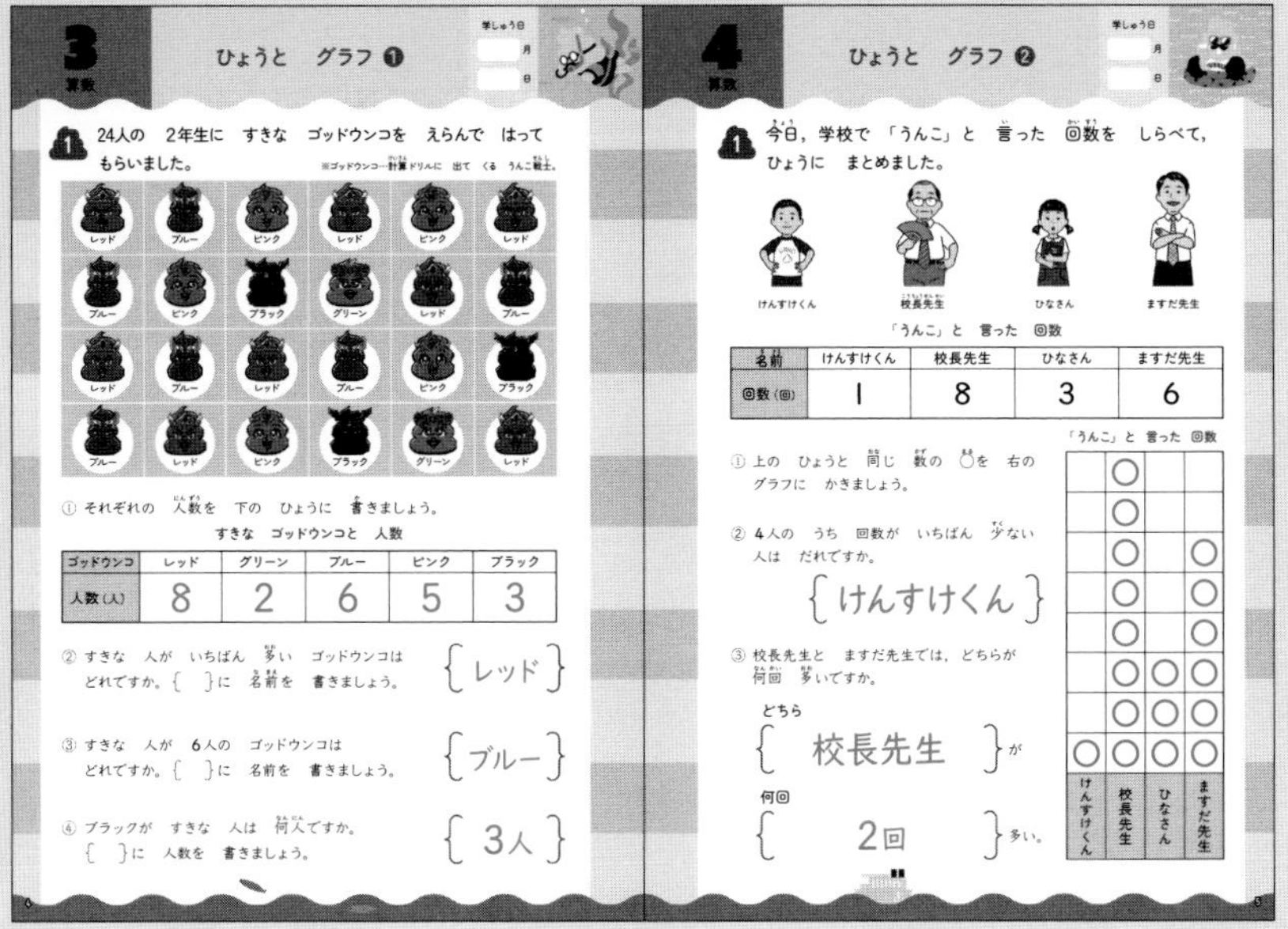
3 算数 ひょうと グラフ ❶ 学しゅう日 月 日

1 24人の 2年生に すきな ゴッドウンコを えらんで はって もらいました。

※ゴッドウンコ…計算ドリルに 出て くる うんこ軍団。

① それぞれの 人数を 下の ひょうに 書きましょう。

すきな ゴッドウンコと 人数

ゴッドウンコ	レッド	グリーン	ブルー	ピンク	ブラック
人数(人)	8	2	6	5	3

② すきな 人が いちばん 多い ゴッドウンコは どれですか。{ }に 名前を 書きましょう。 {レッド}

③ すきな 人が 6人の ゴッドウンコは どれですか。{ }に 名前を 書きましょう。 {ブルー}

④ ブラックが すきな 人は 何人ですか。{ }に 人数を 書きましょう。 {3人}

4 算数 ひょうと グラフ ❷ 学しゅう日 月 日

1 今日，学校で 「うんこ」と 言った 回数を しらべて，ひょうに まとめました。

「うんこ」と 言った 回数

名前	けんすけくん	校長先生	ひなさん	ますだ先生
回数(回)	1	8	3	6

① 上の ひょうと 同じ 数の ○を 右の グラフに かきましょう。

② 4人の うち 回数が いちばん 少ない 人は だれですか。 {けんすけくん}

③ 校長先生と ますだ先生では，どちらが 何回 多いですか。

どちら {校長先生}が

何回 {2回}多い。

「うんこ」と 言った 回数

	○		
	○		
	○		○
	○		○
	○		○
	○	○	○
	○	○	○
○	○	○	○
けんすけくん	校長先生	ひなさん	ますだ先生

3 1 絵を数える際に，数え落としたり重複したりしないように，絵に印などを入れながら数えるとよいでしょう。表にまとめることで，項目ごとの数がわかりやすくなるというよさに気づかせましょう。

---

4 1 グラフで表すことによって，数量の差が高さとして視覚的に捉えやすくなります。表とグラフのどちらを使っても答えは求められますが，問題によってどちらが答えを求めやすくなるかを考えさせることで，表とグラフの特徴をつかませましょう。どういった表し方をするのがよいかを考えることは，学年が上がるほど大切になっていきます。

うんこドリルシリーズ
日本一楽しい夏休みドリル

うんこ夏休みドリル

答《こた》えとアドバイス

小学2年生

わかりやすい縮《しゅく》刷《さつ》解《かい》答《とう》！

おうちの方《かた》と答《こた》え合《あ》わせしよう！

別《べっ》冊《さつ》

算数

遊《あそ》び感覚《かんかく》だから続《つづ》けられる！

日本《にほん》一楽《いちたの》しい学習《がくしゅう》アプリ

うんこゼミ

国語《こくご》 算数《さんすう》 理科《りか》 社会《しゃかい》 ＋ 英語《えいご》 教養《きょうよう》

わしもさっそくやってみるぞい！

無料《むりょう》体験《たいけん》版

わからなくても正解《せいかい》できる！

スタート！

まずはトライ！あれ？この問題《もんだい》、なんとなくわかる！

すごい！練習《れんしゅう》は全問正解《ぜんもんせいかい》！自信《じしん》がついて、レベルもアップ！

答《こた》えは最初《さいしょ》と同《おな》じ、でも少《すこ》しだけなやむ問題《もんだい》

さあ本番《ほんばん》、偉人《いじん》と対決《たいけつ》！この問題《もんだい》…答《こた》えはすでに学習済《がくしゅうず》み！

実《じつ》は3回目《かいめ》！だからこそわかる問題《もんだい》！

復習《ふくしゅう》も楽《たの》しくちょう戦《せん》！もう完《かん》ペキ！

もりもり遊《あそ》んで力《ちから》をつけて、さあ次《つぎ》のステージへ！

単元《たんげん》にそった学習《がくしゅう》

確認《かくにん》テスト

復習《ふくしゅう》と集中力《しゅうちゅうりょく》の特訓《とっくん》

復習《ふくしゅう》と成長《せいちょう》の確認《かくにん》

がんばるともらえるうんこグッズも！

くわしい内容《ないよう》や費用《ひよう》はこちらから

小学《しょうがく》3年生《ねんせい》〜6年生対象《ねんせいたいしょう》

※本サービスは予告なく変更する場合がございま

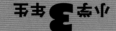

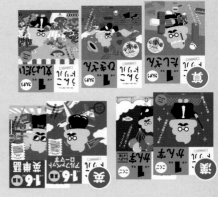

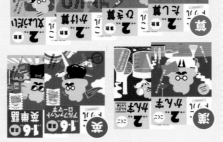

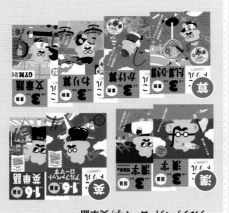

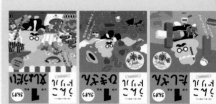

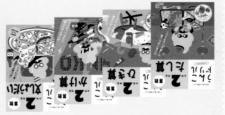

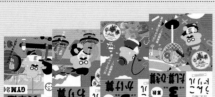

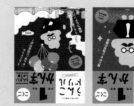

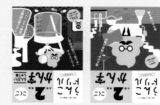

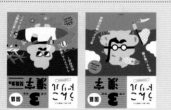

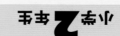

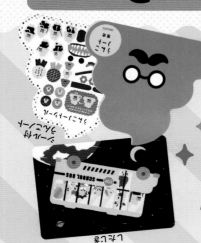

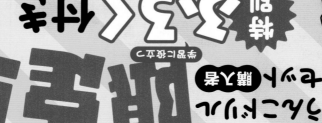

教科書対照表 小学2年生 算数

うんこ夏休みドリル		教科書ページ					
回数	単元名	東京書籍 新しい算数	啓林館 わくわく算数	学校図書 小学校　算数	教育出版 小学算数	日本文教出版 小学算数	大日本図書 たのしい算数
3 4	ひょうと　グラフ	8～11（上）	10～17（上）	12～19（上）	11～16（上）	11～16（上）	16～22
5 6	時こくと　時間	76～79（上）	27～33（上）	20～29（上）	97～103（上）	60～66（上）	94～103
7 8 9 10 11	たし算	12～23（上）	18～21（上） 47～54（上）	30～33（上） 38～51（上）	18～33（上）	18～30（上）	23～38
12 13 14 15 16	ひき算	24～35（上）	22～25（上） 55～62（上）	34～37（上） 52～63（上）	34～47（上）	32～43（上）	39～52
18 19	長さ	37～49（上）	34～46（上）	64～78（上）	48～61（上）	46～58（上）	53～65
20 21	1000までの　数	50～65（上）	72～86（上）	86～99（上）	62～77（上）	68～80（上）	66～80

うんこドリル

東京大学との共同研究で学力向上・学習意欲向上が実証されました！

① 学習効果UP！

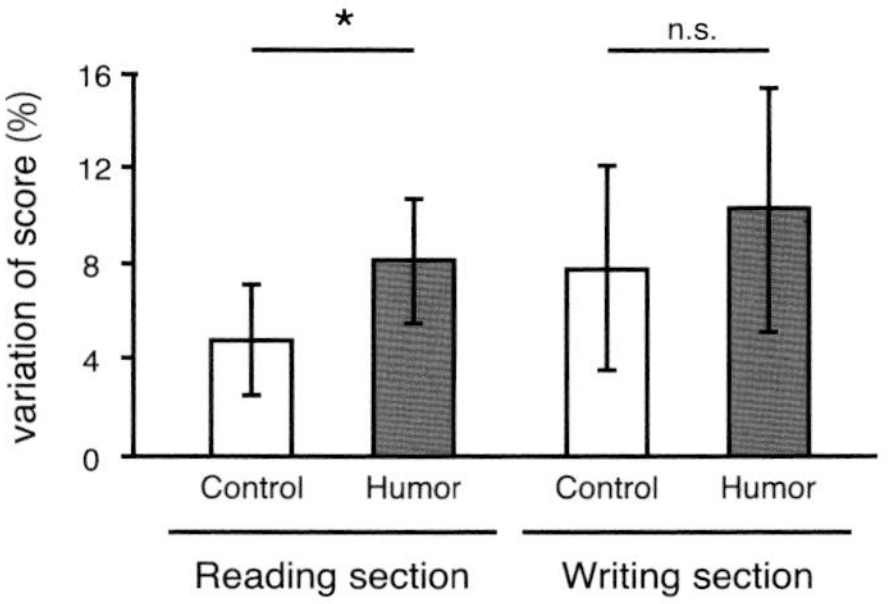

*
n.s.
variation of score (%)
16
12
8
4
0
Control
Humor
Control
Humor
Reading section
Writing section

※「うんこドリル」とうんこではないドリルの、正答率の上昇を示したもの。
Control＝うんこではないドリル　／　Humor＝うんこドリル
Reading section＝読み問題　／　Writing section＝書き問題

オレンジのグラフがうんこドリルの学習効果なのじゃ！

うんこドリルで学習した場合の成績の上昇率は、うんこではないドリルで学習した場合と比較して約60％高いという結果になったのじゃ！

② 学習意欲UP！

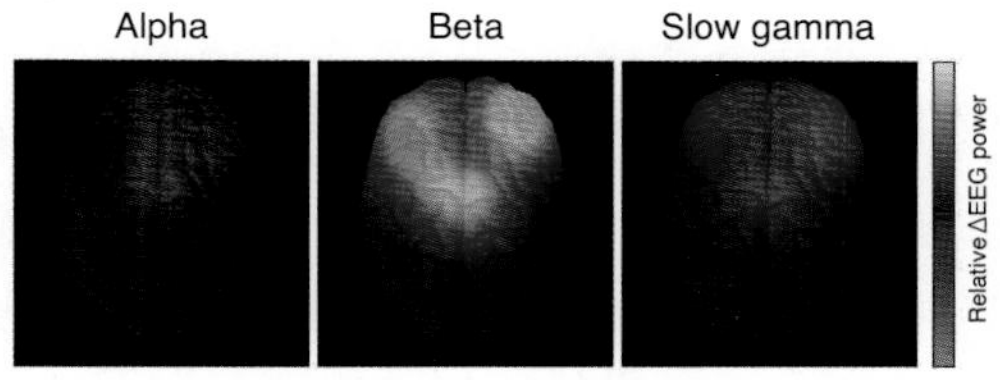

Alpha
Beta
Slow gamma
Relative ΔEEG power

※「うんこドリル」とうんこではないドリルの閲覧時の、脳領域の活動の違いをカラーマップで表したもの。左から「アルファ波」「ベータ波」「スローガンマ波」。明るい部分ほど、うんこドリル閲覧時における脳波の動きが大きかった。

明るくなっているところが、うんこドリルが優位に働いたところなのじゃ！

うんこドリルで学習した場合「記憶の定着」に効果的であることが確認されたのじゃ！

共同研究　東京大学薬学部　池谷裕二教授

1998年に東京大学にて薬学博士号を取得。2002〜2005年にコロンビア大学（米ニューヨーク）に留学をはさみ、2014年より現職。専門分野は神経生理学で、脳の健康について探究している。また、2018年よりERATO脳AI融合プロジェクトの代表を務め、AIチップの脳移植による新たな知能の開拓を目指している。
文部科学大臣表彰 若手科学者賞（2008年）、日本学術振興会賞（2013年）、日本学士院学術奨励賞（2013年）などを受賞。

著書：『海馬』『記憶力を強くする』『進化しすぎた脳』
論文：Science 304:559、2004、同誌 311:599、2011、同誌 335:353、2012

先生のコメントはウラへ ➡

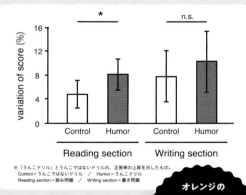

考察　池谷裕二教授より

教育において、ユーモアは児童・生徒を学習内容に注目させるために広く用いられます。先行研究によれば、ユーモアを含む教材では、ユーモアのない教材を用いたときよりも学習成績が高くなる傾向があることが示されていました。これらの結果は、ユーモアによって児童・生徒の注意力がより強く喚起されることで生じたものと考えられますが、ユーモアと注意力の関係を示す直接的な証拠は示されてきませんでした。そこで本研究では９～10歳の子どもを対象に、電気生理学的アプローチを用いて、ユーモアが注意力に及ぼす影響を評価することとしました。

本研究では、ユーモアが脳波と記憶に及ぼす影響を統合的に検討しました。心理学の分野では、ユーモアが学習促進に役立つことが提唱されていますが、ユーモアが学習における集中力にどのような影響を与え、学習を促すのかについてはほとんど知られていません。しかし、記憶のエンコーディングにおいて遅いγ帯域の脳波が増加することが報告されていることと、今回我々が示した結果から、ユーモアは遅いγ波を増強することで学習促進に有用であることが示唆されます。
さらに、ユーモア刺激によるβ波強度の増加も観察されました。β波の活動は視覚的注意と関連していることが知られていること、集中力の程度は体の動きで評価できることから、本研究の結果からは、ユーモアがβ波強度の増加を介して集中度を高めている可能性が考えられます。

これらの結果は、ユーモアが学習に良い影響を与えるという instructional humor processing theory を支持するものです。

※ J. Neuronet., 1028:1-13, 2020　http://neuronet.jp/jneuronet/007.pdf

東京大学薬学部　池谷裕二教授

詳しい情報は
こちらをチェック！